강원학습종합클리닉센터 10년간의 이야기

천천히 배우는 아이들에게
빠르게 다가서기

천천히 배우는 아이들에게 빠르게 다가서기

강원학습종합클리닉센터 10년간의 이야기

1판 1쇄 발행_ 2022년 11월 9일

지은이 강원학습종합클리닉센터

발행인 임종훈

관리 박란희

디자인 인투

출력/인쇄 정우P&P

주소 서울시 마포구 방울내로 11길 37 프리마빌딩 3층

주문/문의전화 02-6378-0010   **팩스** 02-6378-0011

홈페이지 http://www.wellbook.net

발행처 도서출판 웰북   **정가** 18,000원

ISBN 979-11-86296-86-8 13370

추천사

  강원도 내 학생들의 기초학력을 촘촘하게 지원하려는 목적
으로 학습종합클리닉센터 개소를 기획하고 추진하였던 장본인으로
벌써 10주기가 되었다니 감개무량합니다. 지역별로 우수한 클리닉
선생님들을 선발하여 역량 강화 차원에서 연수를 원주에서 즐겁게
운영하였던 모습이 지금도 생생합니다. 그동안 클리닉 선생님들이
학생들에 대한 진단-보정-관리 체계 정착과 기초학력 향상을 위해
애쓰며 노력한 이야기들을 담은 귀중하고 보물 같은 사례를 책으로
출간하여 함께 공유할 수 있게 되어서 더욱 뜻깊다고 생각합니다.
클리닉 선생님들의 노력으로 학습종합클리닉센터가 보다 발전하고
강원 아이들의 학력을 높이는데 주역이 되어주기를 바랍니다.

강원도교육청 민주시민교육과장 이수인
2011.1.1.~2012.8.31. 학습종합클리닉센터 담당

강원종합클리닉센터하면 몇 개의 단어가 떠오릅니다. 안정적인 센터를 위한 무기계약제로의 전환, 시스템을 갖추기 위한 연수와 자기 다듬기, 센터 정체성 확립을 위한 교육지원청별 색깔 갖추기, 그리고 센터의 처음이자 마지막인 학습클리닉전문가의 끊임없는 열정입니다. 성장하고 있는 센터를 응원하고 지지합니다.

강원도교육청 교육과정과 진로진학담당 장학관 정용호
2013.3.1.~2015.2.28. 학습종합클리닉센터 담당

천천히 배우는 학생들을 위해 지도해 주시는 학클 선생님들의 노고와 정성에 큰 박수 보냅니다. 늘 학교 현장의 학생들을 위해 묵묵히 일해 주셨고 전국적으로도 선구적 역할을 했던 것을 기억합니다. 앞으로도 천천히 배우는 학생들의 자존감 향상을 위해 애써 주실 것을 믿습니다. 10년의 흔적이 화석이 되기를 기원합니다. 파이팅!

강원도교육청 감사관 감사1담당 감사관 최백규
2015.3.1.~2017.2.28. 학습종합클리닉센터 담당

교육전문직의 절반 이상을 기초학력 업무를 담당하며 때로는 힘들었지만, 학생들에게 가장 중요한 배움의 토대를 만들어 줄

수 있었음에 많은 보람을 느낍니다. 학습종합클리닉센터는 강원도 학생들의 문해력과 수리력을 갖출 수 있도록 어려운 아이들에게 부모처럼, 때로는 친구처럼 함께 해 주는 '나만의 선생님'으로 역할을 다해 왔다고 자부합니다. 학습종합클리닉센터 10주년을 진심으로 축하하며, 앞으로도 튼튼한 기초학력을 지원하는 믿음직한 나무가 되어주길 기대합니다.

강원도교육연구원 교육연구부 교육연구사 손정환
2017.3.1.~2022.2.28.학습종합클리닉센터 담당

뛰어난 업적을 남긴 사람들에 관한 연구를 보면 최고가 되기 위해 적어도 10년간 또는 1만 시간을 의도적으로 노력했다는 사실을 발견할 수 있습니다. 강원학습종합클리닉센터가 올해로 10주년이 되었습니다. 누구에게나 처음은 있지만, 누구나 같은 결과를 맞이하는 것은 아닙니다. 지난 10년간 강원학습종합클리닉센터는 전문성을 향상하고 현장에 신뢰를 주기 위해 꾸준히 달려왔습니다. 10주년을 축하하며, 앞으로도 최고가 되기위해 최선의 노력을 부탁드립니다.

강원도교육청 교육과정과 장학사 홍정순
2022.3.1.~현재 학습종합클리닉센터 담당

들어가며

천천히 배우는 아이들을 매일 만나며, 빠르지 않아도 조금씩 성장하는 학생들과 소중한 10년이란 시간을 함께 보냈습니다. 때때로 학생들만큼이나 성장이 더딘 우리의 모습들을 보며 좌절도 했지만, 오늘도 기다리는 아이들이 있기에 매일 매일 울며 웃으며 오늘의 이 자리까지 올 수 있었던 것 같습니다.

10년쯤 하면 전문가로서 척척 해낼 줄 알았는데, 오히려 더 복잡한 이유로 힘들어하는 아이들이 더 많아진다는 것을 느낄 때마다.

우리가 도와줄 수 있는 것들은 무엇이고?
학생들의 학교 생활이 얼마나 힘들지?를
되뇌이며 무거운 책임과 소명을 느꼈습니다.

코로나19를 겪으며, 학습이 어려운 학생을 위해 국가가 책임지도하고 지원해주어야 한다는 국민적 공감대가 확산하고 있습니다. 아이들의 교육 문제가 때론 사회적 이슈로 직결되기도 하고, 천천히 배우는 학생들에 대한 관심도도 높아져 학습종합클리닉센터(Learning Clinic Center, 줄임말 '학클')에 대한 기대도 커졌습니다.

학습종합클리닉센터를 처음 시작할 때 만해도 '우리가 무슨 일을 하고 어떻게 감당해야 할지' 밑그림이 그려지지 않아 걱정하며 고민하던 시간도 많았습니다. 첫 출근 날의 어색함이 이제는 눈코 뜰 새 없이 바쁜 나날들로 바뀌었으니, 도움이 필요한 아이들을 위해 교육 귀퉁이의 일부분을 감당하고 있음에 감사합니다.

이 책은 '학클'을 담당하고 운영하면서 겪은 학습클리닉전문가들의 진솔한 이야기와 함께 지도했던 학생들의 성장 이야기, 강원도의 기초학습지원단 선생님들의 소소한 이야기들이 담겨 있습니다.

학부모님들, 그리고 독자분들에게 학습종합클리닉센터에 대한 이해의 폭을 넓히고, 도움이 필요한 친구들에게 학교와 교육지원청, 교육청의 지원과 노력의 흔적들을 나누고 싶었습니다.

또, 아이들의 학습 문제에 대해서 진지하게 고민하는 선생님들께도 조금 더 다가서고, 우리와 같은 길 걸으며 마음 아픔을 공유하는 전국의 학습종합클리닉센터(혹, 기초학력종합지원센터)를 담당하시는 모든 분들과도 강원 '학클'의 이야기로 소통하고 싶었습니다.

올해로 학클 10년(2012~2022)차.

강원학습종합클리닉센터의 다양한 행사들로 축하를 나누고 싶지만, 아직도 진행 중인 코로나19의 엄중한 상황에 모든 것이 조심스럽습니다. 특히, 어느 때보다 학생들의 기초학력 향상에 대한 분위기 탓에 일회성 행사보다 우리의 땀과 흔적을 글로 남겨 더 많은 분들과 공유하고자 합니다.

지금까지 학클 담당자로 함께해주신 교육지원청의 장학사님, 관심과 사랑으로 함께 땀 흘리는 직원들, 언제나 따뜻하게 맞아주시는 선생님들, 그리고 무엇보다 아이들의 어려움을 센터에 이야기해주시고 믿어주신 부모님들께 진심으로 감사드립니다.

앞으로도

알아두면 쓸모있는 오랜 친구 같은 '학클'이 되도록 최선을 다하겠습니다.

학습클리닉전문가 일동

차례

I

학습클리닉전문가들의 이야기

나는 학습클리닉전문가이다

임금선
(고성교육지원청 학습클리닉전문가)

나는 이렇게 학습클리닉전문가가 되었다

나는 2012년 7월, 6대1의 경쟁률을 뚫고 학습클리닉 강사가 되었다. 지금은 '학습클리닉전문가'라고 불리지만, 그 당시에는 단기 계약직 신분의 강사였고 심지어 학습종합클리닉센터 사업은 교육부의 한시적 사업에 불과했다. 이후 계약은 연장되었고 강사라는 이름이 학교 선생님들에게 신뢰감을 주기 어려우므로 명칭을 변경해야 한다는 현장의 요청에 따라 '학습클리닉교사'로 변경되었고 2014년 고용 안정의 필요성이 제기되면서 교육공무직으로 전환되어 또다시 학습클리닉전문가로 변경되었다.

면접 전, 어느 면접에서나 있을 법한 질문 중 하나가 "지원하게 된 동기가 무엇인가요?"일 거라는 생각으로 이 질문에 대한 답변을 준비했지만, 정작 면접을 볼 때는 이와 전혀 다른 대답을 하고 말았다. 마음이 떨리거나 긴장을 해서가 아니라 그냥 나만의 이야기를 하고 싶었다.

"저는 아이들을 무척 좋아합니다. 저는 평소 아이들이 공부 때문에 힘들어하는 모습을 많이 보아왔습니다. 이런 아이들에게 도움이 될 만한 일이 없을까를 고민하던 중 교육지원청 채용공고를 보고 지원하게 되었습니다."

그러자 '어떤 방법으로 아이들을 도울 것인지?', '아이들을 만나면 제일 먼저 무엇을 해야 한다고 생각하는지?' 등과 같은 질문이 이어졌다.

나는 시청 위탁 기관인 '드림스타트'를 통해 아이들을 만난 사례를 예로 들어 설명했다.

"저는 드림스타트의 일원으로 활동하면서 아이들이 가장 어려워하는 것이 무엇인지를 빨리 파악하고, 아이에 대해 잘 알고 있는 사람들과 협력해야 한다는 것을 배웠습니다. 특히 학교에는 담임 선생님을 비롯해 아이에 대해 잘 알고 있는 선생님 한두 분 정도는 꼭 있을 것이므로 이런 선생님들과 협력하면 아이에게 실질적인 도움을 줄 수 있을 것이라고 생각합니다."라고 대답했다.

나는 면접을 마치고 일어서면서 무슨 용기에서인지 "저는 고성에서 태어나고 자랐습니다. 이 일을 꼭 하고 싶습니다!"라고 말하기도 했다.

이런 용기가 기특해서였을까? 이후 합격했다는 전화를 받았고 결국 고성교육지원청 학습종합클리닉센터에서 일하게 되었다. 나중에 면접관이었던 담당 장학사님이 나를 합격시킨 이유에 대해 말씀해 주셨다.

"임금선 선생님과 점수가 동점인 분이 있었는데, 제가 임 선생님을 최종 합격시킨 이유는 면접을 볼 때는 대부분의 사람들이 가식적인 말로 어필하는 경우가 많은데, 선생님은 무척 솔직하게 답변해 주셨기 때문이에요. 특히 현장에서 아이들을 많이 만나본 경험이 이 일을 하는 데 많은 도움이 될 것이라고 판단했어요. 또, 이 지역 출신이기도 하고요."

나의 일터

고성교육지원청은 강원도 고성군 간성읍에 소재한 작은 지역청이다. 학생 수가 적은 작은 학교들로 이루어진 고성 지역은 바다와 인접해 있는 마을이라 바다에서 채취한 생물을 팔아 생계를 유지하는 주민들이 많았다. 하지만 바다 생태 환경의 변화로 바다 생물들이 점점 줄어들면서 생계가 어려워지자 많은 사람이 마을을 떠났다. 지금은 대부분 마을이 해수욕장으로 변하였고 외지에서 찾아오는 관광객을 대상으로 하는 관광 사업과 식당, 카페 등이 활성화되었지만, 당시에는 경제적 어려움에 따른 불화로 조부모가 아이들의 양육을 책임지고 있는 가정이 많았다. 이로 인해 아이들까지 덩달아 어려움을 겪고 있었다.

나는 고성에서 태어났고 이곳에서 초등학교, 중학교를 졸업했기 때문에 이 지역의 실정을 누구보다 잘 알고 있고 그만큼 애착도 크다. 나의 부모님도 바닷일에 종사하면서 자식들을 키우셨다. 나는 고성이 어떻게 변화되어 왔는지 상세히 기억하고 있었기 때문에 종종 아이들을 만나 마을 이야기를 들려주곤 한다. 학습종합클리닉센터에 의뢰된 아이

중에는 후배의 아들, 딸도 있고 그 가정의 내력을 잘 알고 있는 아이일 때도 있어 마음이 애틋하다. 아이에게 할머니, 할아버지 안부를 물으면 아이는 다시 내게 묻곤 한다.

"선생님, 우리 할아버지, 할머니 아세요?"

"그럼, 알고말고. 할아버지는 노래를 아주 잘하시는 분이고 할머니는 웃긴 이야기를 잘하시는 분이라서 인기가 아주 많으시지. 할아버지, 할머니께 선생님 이름을 대면서 해녀 할머니네 막내딸이라고 하면 잘 아실걸?"

"와, 신기하다."

아이는 나를 쳐다보면서 배시시 웃는다. 자기 할아버지, 할머니를 잘 알고 있는 나에게 친근감을 느꼈기 때문일 것이다. 그래서인지 나를 만날 때마다 할아버지, 할머니 이야기를 하곤 한다. 나의 일터인 고성교육지원청 학습종합클리닉센터에서 학습클리닉전문가로서 아이들을 위해 최선을 다해야 하는 이유는 내가 지금까지 살아왔고 앞으로도 살아갈 곳이기 때문이다.

나의 일

고성의 봄은 바다에서 시작된다. 생명이 느껴지는 봄 바다.

봄이 되면 아이들의 얼굴에서 바다 밑 해초의 빛깔이 주는 봄 바다의 싱그러움이 느껴진다. 해마다 3월 새 학기가 시작되면 어떤 아이들을 만나게 될지 궁금해하면서 학교에 센터 운영 계획을 알리고 도움이 필요한 아이들을 선별해 신청해 달라는 공문을 발송한다. 어떤 아이들을 만나게 될지, 신청하는 아이들의 수가 많을지 적을지, 어떤 도움이 필요한 아이들인지 궁금해하면서 신청 기한까지 기다린다. 새 학년이 되어 새 친구들을 만나고 새로운 선생님을 만나게 되는 아이들처럼 두근거리는 마음으로 아이들을 기다린다.

1, 2월의 겨울 방학 기간에는 조금 여유 있게 지난해의 사업을 정리하고 나름대로 사업 평가도 해 보면서 한 해를 시작한다. 그러나 막상 새 학기가 시작되고 아이들과 만날 준비를 시작하다 보면 마음이 경직된다. '올해도 잘 해낼 수 있을까?', '나를 힘들게 하는 아이를 만나면 어쩌지?', '올해는 어떻게 가르쳐야 할까?' 등과 같은 여러 가지 고민을 하다 보면 마치 봄날 스멀스멀 피어오르는 아지랑이처럼 마음이 복잡해진다.

선생님들은 3월 중순쯤 새로 맡은 아이들의 특성과 학습 수준을 파악한 후 학습종합클리닉센터에 학습클리닉 신청서를 보낸다. 학교에서 보낸 신청 공문들을 접수하는 손길에 살짝 긴장감이 돈다. 내가 만나야 할 아이들과의 만남을 알리는 순간이기 때문이다. 선생님들이 보내 준 신청 사유를 읽으면서 머릿속으로 아이들을 그려 본다. '얼굴은 어

떻게 생겼을까?', '키는 클까 작을까?'

'새 학년이 되어 마음도 설레고 기대감도 있었을 텐데 아이가 이런 어려움을 겪고 있구나.'를 생각하면서 신청서를 꼼꼼하게 읽는다. 그중 낯익은 이름들도 등장한다. 작년에 학습클리닉 지도를 받았던 아이도 포함돼 있기 때문이다. 아이들의 특성상 몇 년에 걸쳐 계속 지도를 받는 아이들도 있다. 올해도 신청서에 등장하는 아이의 이름을 접하면 마음이 착잡해진다. 도움이 계속 필요하다는 것은 학습클리닉전문가의 지도가 충분하지 않았다는 뜻이기도 하고, 아직도 상황이 좋아지지 않았다는 뜻이기도 하기 때문이다. 설사 아이가 내면적으로 성장하고 있더라도 변화가 뚜렷하지 않아서 재신청 대상이 되기도 하고, 지원이 좀 더 필요해 재신청 대상이 되기도 한다. 하지만 해마다 반복적으로 학습클리닉 지도를 받는 아이의 기분은 어떨까? 아이의 입장을 다시 한번 헤아려 보게 된다.

학습종합클리닉센터의 지원 신청은 연중 아무 때나 가능하지만, 도움이 필요한 아이들에게 좀 더 빨리 개입해 도움을 주는 것이 효율적이기 때문에 3월 중에 신청서를 보내 줄 것을 학교에 요청한다. 신청서를 받으면 아이의 어려움이 무엇인지 미리 파악하고 전문적인 진단을 위해 아이에 대한 정보를 기록해 놓는다. 학교에는 보통 4월 초순경에 방문한다. 호명된 아이가 상담실에 들어오면 가장 먼저 나부터 소개한다.

"나는 교육지원청에서 온 학습클리닉 임금선 선생님이야. 오늘 선생님이 ○○이를 만나러 온 이유는 ○○이가 공부를 하는데 어려움이 있다고 해서 선생님이 어떤 걸 도와주면 좋을지 좀 더 자세하게 알아보기 위한 거란다. 오늘 선생님 만나는 거 불편하지 않지?"

이런 말을 하면 대부분의 아이들은 잠시 쭈뼛대다가 금새 편안한 표정을 짓는다. 나는 아이들을 조심스럽고 면밀하게 관찰한다. 가장 먼저 태도, 행동, 언어 사용 수준 등을 살피고, 어려움을 겪고 있는 학습을 진단해 본다. 초등 저학년의 경우 한글 수준과 기초연산 학습 진단이 주를 이루고, 초등학교 고학년 이상 중학생일 경우 읽기 유창성과 이해, 수학 교과 수준에 대한 진단이 주를 이룬다. 같은 학년에 비해 학습 부진이 심할 경우 그 원인을 밝히는 작업을 수행한다.

학생의 어려움이 심리·정서적인 불안정 때문인지, 다문화 가정 때문인지, 단순히 학습 부진 때문인지를 밝혀내는 작업은 매우 중요하다. 왜냐하면 원인에 따라 지원해야 할 내용이 정해지기 때문이다. 이 밖에 담임 선생님, 담당 선생님, 아이를 잘 알고 있는 선생님이 제공해 준 학생 관련 정보도 추가한다. 학부모와 직접 통화하면서 아이의 가정생활까지 파악하는 경우도 있다. 특히, 내가 만나는 아이들은 불안정한 가정생활 때문에 학습에 어려움을 겪는 아이들이 많기 때문에 가정환경은 물론, 가정에서 아이가 어떤 어려움을 겪고 있는지 파악하는 것이 중요하다.

이런 작업은 보통 아이의 학습 지도 전에 시작되지만, 심리·정서적인 어려움이 관찰되지 않은 아이는 학습 지도를 진행하면서 필요할 때마다 추가 정보를 수집하기도 한다. 학습클리닉전문가의 일 중에는 이렇게 정보를 파악하고 진단하여 아이의 수준과 지원해야 할 내용을 결정짓는 것이 가장 중요하다. 아이를 한 명씩 만나면서 기초학습지원단에 매칭할 아이들과 내가 직접 가르칠 아이들을 구별한다. 또한 전문적인 치료, 상담, 놀이 활동이 필요한 아이들, 프로그램에 참가시켜야 하는 아이들로 구분해 필요한 서비스를 받을 수 있게 한다.

이런 작업은 해마다 이루어지지만, 나의 판단과 진단이 항상 올바른 것은 아니다. 나의 잘못된 판단으로 아이에게 필요한 서비스가 제대로 지원되지 않는 경우도 있고, 지도 과정이 적합하지 않아 다시 검토해야 하는 경우도 있다. 아이의 문제 원인을 파악하지 못한 채 수박 겉핥기 식으로만 지도했던 경우도 있었고 아이의 특성과 기초학습지원단의 강점을 연계하여 지도한 것이 별 성과 없이 끝난 경우도 있었다. 특히 어려운 일은 복합적인 어려움을 지닌 아이를 지원해야 할 때 무엇부터 해결해 나가야 할지를 결정하는 일이다. 가정환경의 어려움과 심리·정서적인 문제, 학습 부진, 학교생활 부적응 등 여러 가지 어려움을 지닌 아이의 경우에는 적합한 지도 방법을 찾기가 무척 어렵다.

고성 지역은 작은 마을이 많기 때문에 전문적인 언어 치료나 소아 정신과적 치료가 가능한 치료 센터와 병원이 없다. 그래서 인근 속초시나 강릉 지역, 좀 더 멀게는 춘천까지 이동해야 한다. 교육지원청 내 학생 통합지원시스템이 구축되어 있어 교육복지센터와 Wee 센터의 도움을 받기도 하지만, 전문적인 치료를 받아야 하는 학생들은 외부 전문 기관과 연계해야 한다.

지역의 실정이 이렇다 보니 학생, 학부모, 담당자 모두 수고로움을 감수해야만 한다. 학부모와의 협조가 잘되는 경우에는 그나마 어려움이 덜한 편인데, 학습종합클리닉센터의 지원을 받는 아이들의 가정은 대부분 어려움이 있어 부모들의 협조를 구하기가 쉽지 않다. 아이를 치료하기 위해서는 보호자 중 한 사람이 아이와 동행을 해야 하지만, 현실적으로 아이들의 가정에는 먼 거리를 동행해야 하는 부모가 없거나 조부모 슬하에서 생활하고 있는 아이들도 있고, 부모 중 그 누구도 관심을 두지 않고 오직 학교와 교육지원청에서 모든 걸 다 해결해 주길 바라는 가정도 있다. 물론 그중에는 자신의 아이를 위해 애쓰고 있는 학교와 센터에 고마움을 표하면서 적극적으로 도와주는 부모도 있다. 먹고 살기 바빠 아이가 이 지경인 줄도 모르고 살았다며 연신 고마움을 표하는 부모도 있고 아이한테 무슨 문제가 있는 거 같긴 한데 그걸 어떻게 해야 하는지 몰라 그냥 내버려 두고 있었다는 부모도 있다.

학습클리닉전문가로서 아이를 만나고 부모와 상담을 하면서 느끼는 것은 아이들의 내면 상처는 부모에게서 비롯된 경우가 많다는 것이다. 한 가지 다행스러운 점은 아이의 문제점을 함께 해결해 보겠다는 가정이 존재하고 있다는 것이다. 가정의 변화는 아이의 표정과 태도에서 알수 있다. 가정이 변하면 아이의 상처도 아물고 상처가 아물면 학습에도 자신감이 생긴다는 것을 지난 10년간의 경험을 통해 알게 되었다.

아이에 대한 진단이 끝나고 지원 계획이 수립되면 지도를 본격적으로 시작한다. 지도는 학습클리닉전문가의 순회 지도, 기초학습지원단의 지도, 외부 강사의 프로그램 지도로 구분할 수 있다. 상담과 치료가 필요한 아이들은 전문상담사나 치료사와 연계하기도 한다.

기초학습지원단은 아이들의 기초 학습 지도와 놀이 활동, 심리·정서적인 프로그램 활동 등을 돕는 교육 기부단으로, 고성교육지원청 학습종합클리닉센터에는 2022년 현재 7명의 기초학습지원단이 위촉되었다. 학습클리닉전문가의 업무 중에는 기초학습지원단의 운영도 포함되어 있다. 기초학습지원단이 아이들을 지도하는 데 어려움이 없도록 여러 방면의 지원이 이루어지고 있으며, 전문성 신장이나 역량 강화를 위해 교육이나 연수 프로그램도 운영한다. 무엇보다 중요한 점은 이들과 학생 지도 사례 협의회나 학습공동체를 운영하면서 학생과 관련된 정보를 공유하고 아이들에게 질적으로 우수한 서비스를 제공하기 위해 노력하고 있다는 것이다.

기초학습지원단의 지도는 학교당 주2~3회 정도 주로 방과후에 이루어진다. 아이의 학습 수준이 많이 뒤처져 있어 학년 교과 수업에 정상적으로 따라가지 못할 때는 학부모의 동의를 얻어 풀아웃제 수업으로 교과 수업 시간 교실을 분리하여 지도하기도 한다. '천천히 배우는 아이들'은 저마다 어려움을 안고 있어서 지도하기 쉽지 않은데도 늘 열심히 지도하고 아이들의 이야기에 귀를 기울이는 기초학습지원단의 모습을 보면서 고마움을 느낀다.

매년 힘든 아이들을 접하다 보면 가끔은 나도 모르게 매너리즘에 빠지고 교만해지기도 한다. 아이들이 좋기 때문에 이 일을 하고 싶다던 초심이 사라지려고 할 때 아이들에게 조금이라도 도움을 주기 위해 애쓰는 기초학습지원단 선생님들의 모습을 보면 공연히 미안해지기도 한다.

나의 순회 지도는 기초학습지원단과 마찬가지로 학교당 주 2~3회 정도 이루어진다. 기초학습지원단과 지도 방법의 차이가 있다면, 내가 지도하는 아이들은 복합적인 어려움을 안고 있기 때문에 좀 더 전문적인 역량이나 기술이 필요하다는 것이다. 그렇다고 내가 기초학습지원단보다 역량이나 기술이 뛰어난 것은 아니다. 학습클리닉전문가로 10년 동안 일을 하다 보니 '천천히 배우는 아이들'을 지도하는 노하우도 쌓이고 지도 사례도 많아졌기 때문이다. 또한 학습클리닉전문가인 내가 힘든 아이들을 맡아 지도해야 하고, 조금이나마 기초학습지원단을 배려해 주는 것이 마땅하다고 생각한다.

강원도교육청은 초등 저학년 학생의 한글문해교육이 중요해지면서 난독 학생 지원 사업의 일환으로 한글문해교육을 보다 전문적으로 수행할 수 있는 전문가 교육을 지원해 주었는데, 이에 따라 학습클리닉전문가도 한글문해교육전문가 자격을 취득할 수 있었다. 고성과 같은 군 단위 지역에서는 난독 치료 전문 기관을 방문하는 일이 어렵다는 점을 고려할 때 지역의 학습종합클리닉센터 담당자인 학습클리닉전문가들이 전문적인 자격을 소지하고 난독 학생들을 위한 한글문해교육을 할 수 있다는 점에서 무척 의미 있는 일이라고 생각한다.

고성군에는 현재 초등학교 13교(분교 1), 중학교 4교, 고등학교 4교가 있다. 강원도 군 지역의 학교들이 대부분 그렇겠지만, 고성군의 학교들도 학생 수가 적다. 고성학습종합클리닉센터에서 관리하는 학생 수는 대략 30~35명 정도이고, 중학교까지 지원한다.

나의 순회 지도는 주 4일이고 지도하는 학생 수는 평균 5명 정도이다. 주 2~3회 정도 아이를 만나 맞춤형 개별 지도를 한다. 내가 가르치는 내용은 초등 저학년의 경우 한글 문해와 기초 연산이고, 초등 고학년은 읽기 유창성과 이해, 기초 수학이다. 중학생은 국어와 수학 교과 지도가 주를 이루지만 중학생이라도 학습 부진의 누적으로 학습 수준이 매우 낮아 초등학교 과정을 다시 지도해야 하는 경우도 많은 편이다.

'천천히 배우는 아이들'은 학습을 하는 데 어려움이 있기 때문에 지도법을 달리해야 한다. 특히, 중학생일 경우 학습 부진이 누적되면서 학습에 대한 자신감과 흥미를 잃고 학습에 대한 무기력함까지 느끼게 되는데, 이런 학생들에게는 기초 학습 지도, 학습 전략, 동기 부여를 위한 상담 지도, 심리·정서적인 지원이 필요하다. 이렇게 다각적인 접근이 필요한 경우에는 전문성을 갖고 있는 전문가를 연결해 주고, 나는 아이의 학습적인 부분에 집중하는 편이다. 나에게는 아이들이 공부를 조금씩 알아가는 과정 속에서 성취감을 느끼고 이를 통해 자신감을 회복할 수 있다는 믿음이 있기 때문이다. 또한 학습 수준의 향상이 아이가 변화하는 데 도움이 될 것이라고 생각한다.

학습클리닉센터 사업이 시작된 2012년 당시에는 순회 지도를 할 때 아이들을 만나 무엇을 해야 할지 몰라 당황하기도 했고 한참 예민한 중학교 남학생들의 거친 언행 때문에 겁을 내던 순간도 있었다. 아이들을 좋아하고 아이들을 위해 최선을 다하리라는 열정은 어느 때보다 강했던 시기였지만, 막상 학교에 가서 아이들을 만나면 모든 게 서툴러 스스로에게 실망하는 경우도 많았다. 집중을 전혀 못 하는 아이를 어떻게 다루어야 하는지 몰랐고 공부하기 싫다고 떼를 쓰며 우는 아이를 보면서 쩔쩔매기도 했다. 심지어 방과후 약속된 시간에 남아 있지 않고 도망간 아이를 찾아 학교를 헤매거나 분노를 잘 조절하지 못해 짜증을 내는 아이에게 화를 내거나 소리를 지르기도 했다. 잘 달래서 어렵게 가르쳤지만 다음 날이면 다시 백지가 되어 처음부터 다시 시작해야 하는 낮은 지능을 가진 아이 때문에 매번 좌절하기도 했다. 하지만 아이들을 만나는 횟수가 점차 늘어나고 아이들을 만날 때마다 똑같은 실수를 하지 않으려고 노력하자 아이들도 마음을 열고 자신의 속마음을 털어놓기도 하면서 내가 오는 날을 기다려 주었다. 그리고 도통 변할 것 같지 않던 아이들도 조금씩 변해가는 모습을 보면서, 서툴기만 했던 나도 조금씩 자신감을 얻었고 아이들을 대하는 역량도 키울 수 있었다.

순회 지도를 하면서 만난 아이들은 내 기억 속에 고스란히 남아 있다. 다만 모든 아이가 좋은 기억으로 남는 것은 아니다. 모든 아이의 이름이 생각나지는 않지만, 아이들과 만나 공부하고 이야기를 나누고 놀이 활동을 하던 때의 얼굴이나 모습은 지금도 생생하게 기억한다. 아이들을 만나면서 기쁜 일도 있었고 가슴 아픈 일도 있었고 교사로서 부끄러운 일도 있었다. 한 가지 분명한 점은 매순간 아이들 편에 서 있으려고 노력했다는 것이다. 비록 서툴고 미흡한 점이 많았지만, 아이들의 마음을 읽으려고 노력했고 아이들이 나를 만나는 순간 만큼은 어떤 이야기도 다 털어놓을 수 있게 마음의 문을 열어 주고자 노력했다. 공부를 잘하지 못한다는 이유 때문에 기죽지 않기를 바라는 마음으로 아이들의 장점과 강점을 찾아 아이들한테 수시로 말해 주었다.

이러한 나의 노력이 아이들한테는 어떤 도움이 되었을지 모르지만, 나를 만난 이후에는 적어도 마음의 상처를 더 이상 입지 않았기만을 바랄 뿐이다. 그리고 어느 날 우연히 나를 만나게 된다면 모른 체 하며 지나가지 않고 "쌤!" 하고 달려와 아는 체를 해 준다면 얼마나 행복할까 생각해본다. 이런 순간이 오면 내가 학습클리닉전문가로서 아이들을 만났다는 것에 무한한 자부심을 느낄 수 있을 것이다. 올해 일을 시작한 지 어느덧 10년이 되었다. 매년 찾아오는 봄처럼 나는 또다시 아이들을 만나고 있다. 나는 여전히 학습클리닉전문가이다.

나의 희망

오늘은 교육지원청에서 멀리 떨어져 있는 초등학교로 순회 지도를 가는 날이다. 고성 지역의 학교들은 대부분 7번 국도를 따라 듬성듬성 자리 잡고 있는데, 오늘 순회 지도를 가는 초등학교는 교육지원청에서 편도 30분 정도 거리에 떨어져 있고 산 밑에 자리 잡고 있다. 오늘은 이 초등학교에 다니고 있는 2학년, 5학년 아이 두 명을 만난다. 2학년 아이는 아직 한글을 알지 못하고, 5학년 아이는 읽기와 기초 연산은 잘하는 편인데, 대인 관계 기술 부족으로 친구들과 어울리지 못하고, 이해력이 부족하여 글을 읽고 이해하는 것을 어려워한다. 이 두 아이를 주 2회씩 지도하는 중인데 다행히 아이들은 큰 거부감 없이 잘 따라와 주고 있다.

점심을 먹고 아이들 지도에 필요한 교재와 교구를 챙기다가 문득 어제 5학년 아이와 약속한 것이 떠올랐다. 아이와 몇 회 수업을 하다 보니 눈 맞춤을 하지 못하고 시선을 다른 데로 돌리며 상대방의 말을 귀 기울여 듣지 않는 습관이 있다는 것을 알게 되었다. 그래서 대화할 때 바른 자세가 왜 중요한지 알려 주면서 담임 선생님의 수업 시간에 내가 가르쳐 준 대로 한번 해 보고 그 느낌이 어땠는지 말해 달라고 했다. 만약 잘 실천했으면 오늘 수업에 아이가 좋아하는 레고블럭 놀이를 할 수 있게 해 주겠다고 했다. 과연 아이가 실행해 보았을지 궁금하다. 가방을 챙겨 나오다가 교구사에 들러 레고블럭 조립품 하나를 샀다. 아이가 나를 보자마자 내 가방부터 살필 것을 생각하니 웃음이 나온다.

아이들을 만나러 가는 길이 모두 기쁜 것만은 아니다. 어쩌면 학교 가는 내내 마음이 불안한 때가 더 많은지도 모른다. 오늘은 계획했던 대로 수업을 잘 끝낼 수 있을지, 공부하기 싫다고 떼를 쓰지는 않을지, 학교에 남아 있지 않고 그냥 가버린 것은 아닌지 조마조마한 마음으로 순회 지도를 가곤 한다.

학습클리닉 수업이 주로 방과후에 이루어지다 보니 아이들은 학교 수업이 끝난 시간에 학교에 남아 공부를 해야 한다는 부담감과 중압감으로 수업에 대한 거부 반응을 보이기도 한다. 하지만 어떠한 경우에도 아이들에게 좌절감을 심어 주면 안 되기 때문에 학습클리닉 수업의 긍정적인 면을 최대한 부각시키고 여러 가지 교구를 이용해 수업을 즐겁게 진행하려고 노력한다. 어떤 아이들은 방과후에 남는 게 싫어 수업 참가를 하지 않는다. 아이들 편에서 생각해 보면 충분히 이해할 수 있는 일인데도 막상 학교에 가서 이런 일을 겪게 되면 괜히 아이들이 밉고 내 능력의 한계인가 싶어 좌절감도 느껴지고 허탈해지기도 한다. 하지만 이렇게 거부감을 나타내던 아이 중에 조금씩 수업에 적응하며 의욕을 보이는 것을 바라볼 때의 기쁨은 말로 형언하기 어렵다. 이들을 가르쳐 보지 않은 사람은 상상할 수 없는 기쁨이다. 나와 같은 일을 하는 학습클리닉전문가라면 충분히 공감할 것이다. 속도는 더디지만 아이가 점차 변화하는 모습을 지켜보는 것은 학습클리닉전문가들의 최대 보람이자 기쁨이기 때문이다.

학교로 가는 길가의 나무들이 어느새 꽃잎을 모두 떨구고 잎사귀만 남긴 채 봄바람에 흔들리고 있다. 이 길을 오가는 동안 나뭇잎들이 푸르러지고 낙엽이 되어 떨어지고 겨울엔 하얀 눈을 뒤집어쓰고 있는 모습을 보게 되겠지. 1년 동안 내가 만나게 될 아이들의 변화된 모습을 상상하면서 오늘도 난 가속 페달을 힘차게 밟는다.

학습클리닉전문가로서 가야 할 길,
느리지만 당당하게!

최문영
(원주교육지원청 학습클리닉전문가)

"세상의 모든 아이들은 자신만의 능력과 꿈이 있어요."
– 영화, 〈지상의 별처럼〉 중에서

인도 영화 〈지상의 별처럼〉의 주인공 '이샨'은 여덟 살의 자그마한 남자아이다. 이샨은 수업에는 전혀 관심이 없고 늘 혼자만의 세계에 빠져 있다. 심지어 친구들로부터 따돌림을 당하거나 선생님과 가족들에게 꾸중만 듣는 말썽꾸러기다. 그러던 어느 날 새로 부임한 '니쿰부' 미술 선생님은 수업 시간에 엉뚱한 대답만 하고 무기력해 있는 이샨이 난독증이라는 사실을 알게 된다. 니쿰부 선생님은 이샨의 눈높이에 맞는 미술 교육을 통해 끊임없이 자신감을 키워 주고 격려해 준다. 결국 이샨이 미술 대회에서 대상을 수상하는 기적과 같은 일이 일어난다. 학교의 최고 말썽꾸러기이자 만년 꼴찌생에서 미술대회의 우등생이 되기까지 아이의 숨겨진 재능을 알아봐 주고 마음껏 꿈을 펼치도록 이끌어 준 단 한 명의 선생님 덕분에 이샨은 한 뼘 더 성장하게 된다.

〈지상의 별처럼〉은 6년 전 학습클리닉 업무를 시작하면서 센터 선생님들의 추천을 받아 접하게 된 영화이다. 니쿰부 선생님처럼 아이의 상처를 어루만지며 아이의 장점과 강점을 발견해 키워 주는 참된 교사의 모습을 보여 준 영화라고 생각한다. 맨 처음, 이 영화의 포스터 중에 강렬하게 시선을 사로잡은 것은 " No. 1이 아니어도 돼. 넌 세상에서 가장 특별한 The only 1이니까~! 라는 문구였다. 누구라도 이런 진심어린 지지를 받는다면 자존감이 올라갈 것 같다. 세상의 모든 아이들은 반짝 반짝이는 별처럼 누구나 자신만의 숨겨진 재능과 꿈을 가지고 있는 특별한 존재라는 이 메시지는 아직도 내 가슴 속에 깊은 울림으로 남아 있다.

나는 학습클리닉 선생님입니다

영화 이야기로 서론을 시작한 이유는 바로 내가 만나는 아이들이 이산처럼 학습을 따라가지 못하거나 학교생활에 적응하지 못해 교실에서 관심 밖으로 밀려나 있는 아이들이기 때문이다. 지금부터 써내려 갈 이야기도 바로 이런 아이들의 이야기이자 교사인 우리들의 이야기이다. 우리가 하는 일에 대해 이야기를 나눌 수 있는 기회가 지면으로나마 주어져서 한편으로는 기쁘면서도 '과연 누가 우리들이 하는 일에 대해 궁금해할까?' 하는 의구심이 드는 것도 사실이다. 하지만 "나는 '천천히 배우는 아이들'을 지도하는 학습클리닉 선생님입니다.'라고 당당하게 말하고 싶다.

지금 내가 하는 업무를 사람들이 잘 알지 못하는 경우가 많다. 내 주변의 지인조차 내가 하는 일을 잘 모르겠다는 표정을 짓기도 한다. 교육지원청에는 공무원 외에도 교육 공무직이 있고, 공무직만 해도 수십 개가 넘는다. 그중 '학습클리닉전문가'라는 직종이 나의 공식적인 타이틀이다. 우리 센터에서 만나는 아이들에게도 학습클리닉전문가라는 말이 어려워 그냥 "나는 학습클리닉 샘이야."라고 소개하기도 한다. 간혹 아이들의 눈높이에서 "학습클리닉? 병원 의사처럼 뭘 고쳐 주는 거예요?"라는 질문을 하는 경우가 있다. 학습 수준이 낮은 아이들의 학습을 지도하거나 심리·정서적으로 마음이 아픈 아이들을 어루만져 주는 일을 한다는 의미에서 어떻게 보면 환자의 병을 고치는 의사와 비슷하지 않을까라는 생각을 해 본다.

학습종합클리닉센터의 과거와 현재

강원도 학습종합클리닉센터는 올해로 10년을 맞이했다. 어느 곳이나 그렇듯이 10년의 시간 동안 센터의 존립이 불안했던 시기도 있었다. 그럼에도 불구하고 학습종합클리닉센터가 계속 존재하는 이유는 여전히 도내에 학습종합클리닉센터의 지원이 절실히 필요한 학생들이 많기 때문이다. 도 교육청을 포함한 17개 교육 지원청, 18개 센터에 속해 있는 22명의 학습클리닉전문가들은 천천히 배우는 아이들에게 도움을 주기 위해 최선을 다하고 있다.

센터의 첫 번째 존재 이유는 기초학력 향상에 있다. 기초학력을 끌어올리기 위한 시스템이 학교 내에 구축되어 있다면 학습종합클리닉센터가 존재할 이유가 없을 것이다. 하지만 보통 스무 명 이상의 학생이 있는 교실에서 담임 선생님 한 명이 학습 의욕이 없고 무기력하며 주의 집중력이 낮은 아이들까지 감당하기는 어렵다. 실제로 학교 현장의 담임 선생님들의 이야기를 들어 보면, 교실 안에서 케어하기 힘든 아이들이 점점 많아지고 있다고 한다. 20년 이상 교직에 몸담고 있는 선생님들조차 혀를 내두르는 정도라면 얼마나 심각한 상태인지 짐작할 수 있을 것이다. 이는 기존의 교육 지원 시스템에 변화를 주어 다양한 형태로 확장해야 할 필요성이 있다는 것을 의미한다.

학습종합클리닉센터의 문을 두드리는 아이들의 유형에는 앞서 이야기한 영화 속 꼬마 주인공 이샨의 경우처럼 글자를 읽기 어려워하는 '난독증', 쓰기 힘들어하는 '난서증', 계산을 힘들어하는 '난산증' 등이 있다. 경계선 지능의 아이, ADHD를 가진 아이, 다문화 아이 등 환경적 또는 심리·정서적인 요인들이 복잡하게 얽혀 있는 아이들은 학습으로부터 멀어지고 결국 '천천히 배우고 성장하는 아이들'이라 불리게 된다. 학교 밖 학습종합클리닉센터가 존재하는 이유는 바로 이 '천천히 배우는 아이들'을 지원하는 데 있다.

가정에서 케어를 잘 받는 아이들은 병원 또는 발달 센터 등에서 읽기 발달 장애나 ADHD 진단을 받아 그에 걸맞은 언어 치료나 놀이 치료, 미술 치료, 약물 복용 등과 같은 도움을 받아 학습 장애를 이겨나가고 있지만, 클리닉 센터로 오는 아이들은 가정에서의 기본적인 케어조차 어려워 골든타임을 놓치는 경우가 많다. 아이가 안고 있는 어려움의 원인이 무엇인지도 모른 채 학교의 사각지대에 놓여 있다가 학습종합클리닉센터에 뒤늦게 지원 요청을 하는 경우가 다반사이다. 이러한 아이들 중에는 특수 학급, 위클래스 상담 또는 교육 복지에 연계돼 지원을 받기도 하고 지원이 포화 상태이거나 특수 교육과 학습종합클리닉센터의 이중지원이 불가능한 경우를 제외하고, 중복 지원이 필요한 경우에 다시 학습종합클리닉센터에 지원을 요청하곤 한다. 도내에서는 공식적으로 '학생성장지원네트워크'라는 이름으로 다중 지원 시스템을 마련하여 각 업무 부서 간의 정보 공유와 협력이 긴밀하게 이루어질 수 있는 기반을 닦아 놓았다. 현재는 타이틀이 없어지긴 했지만, 원주교육지원청의 경우, 부서 간 담당자들의 소통이 원활하여 학생들의 지원을 거의 100% 끌어올리고 있다고 해도 과언이 아니다.

원주의 경우만하더라도 해마다 학생들의 지원 신청이 증가하고 있다. 물론 원주가 강원도 내에서 인구 수나 학교 수가 가장 많은 이유이기도 하지만, 작은 군 단위에서도 매년 신청 수요가 늘어나는 것을 보면 비단 인구 대비 비율의 문제라고는 말할 수 없을 것 같다. 도내 자체 통계 자료에 따르면, 시·군별 지원 신청이 매년 공통적으로 중등보다 초등, 고학년보다 저학년, 여학생보다 남학생에 집중되어 있다.
심리·정서적인 문제로 센터의 문을 두드리는 학생들은 가장 먼저 학습클리닉전문가의 클리닉진단검사를 통해 진단을 받은 후, 지원 여부가 결정된다. 그런 다음 지역 내 유관 기관을 통해 보다 전문적이고 심층적인 상담과 치료지원을 받게된다. 원주가 도내 다른 시·군보다 유관기관이 많아 협력 센터를 찾기가 쉽다는 것이 큰 장점이라고 할 수 있다. 현재 원주학습종합클리닉센터에서는 10개의 상담 및 치료 센터와 협약을 맺어 지원 시스템을 운영 중이다.

학습 장애와 같은 어려움을 호소하는 학생들에게는 어떤 지원 채널이 마련되어 있는지에 대한 설명이 필요할 것 같다. 일단 학교에서 지원 신청을 하면 학습클리닉전문가의 클리닉진단검사를 통해 진단하고 지원 대상을 선별한다. 대개 기초학력이 부족한 학생들이 1순위를 차지하게 되며, 지원 대상으로 선정되면 일대일 학습을 지원한다. 일대일 학습은 일반적으로 학습클리닉전문가와 매년 공개 모집을 통해 꾸려지는 기초학습지원단 선생님들이 담당하며, 학교로 찾아가는 순회 수업을 통해 아이들을 만나고 학습 공백이 있는 부분부터 차근차근 맞춤형 지도를 설계하여 지원하고 있다. 기초학습지원단의 초창기에는 교육 재능 기부의 일환으로 지역 내 티칭 경험이 많은 프리랜서 강사를 위촉하여 여비 정도의 금액만으로 순회 지도를 운영하였는데, 기초학력 향상이 도교육청의 중점 사업 중 하나로 점차 비중이 커지면서 예산을 충분히 확보받아 순회 지도 활동에 필요한 경비를 더 많이 지원할 수 있게 되었다. 앞으로도 3년 여 간의 코로나19 상황으로 인해 더욱 심각해진 기초학력을 신장시키기 위해 정책·재정적인 측면에서 지원의 폭이 대폭

확대될 것으로 짐작된다.

원주학습종합클리닉센터 속
또 하나의 든든한 지원군, 기초학습지원단

앞서 언급한 기초학습지원단은 도내 250명이 활동하고 있다. 원주학습종합클리닉센터는 32명의 기초학습지원단이 활동하고 있다. 그중 절반 정도의 지원단 선생님 경력이 3년 이상이다. 지금까지도 초창기 지원단 선생님들이 꾸준하게 학습 결손이 있는 아이들을 만나고 계신다. 학습지원으로 연계돼 만나게 되는 대부분의 아이들은 배움의 속도가 느리고 공부엔 관심이 없거나 학습상의 실패나 좌절의 경험이 많아서 아이들을 이 아이들을 최소 1년 동안 이끌어가기가 쉽지 않은데 끝까지 수고해 주시는 지원단 선생님들을 보고 있자면 존경스럽기까지 하다.

원주의 경우, 점점 신청 수요가 늘어 한 선생님당 많게는 학생 7명까지 학습지원을 담당하고 있다. 지원단 선생님들은 아이들 개개인의 내외적인 요인들까지 관찰하고 아이에게 부족한 것이 무엇인지, 실질적으로 필요한 것이 무엇인지를 파악하기 위해 최선을 다하고 있다. 담당하게 된 아이 한 명 한 명에 대한 책임감과 애정 어린 마음이 없다면 쉽게 할 수 없는 일이라고 생각한다.

원주학습종합클리닉센터에서 활동하는 지원단 선생님들은 매년 도교육청과 지역 지원청에서 기획하는 기초학습지원단의 역량 강화를 위한 연수에 참여하는 것 외에 자발적으로 소그룹 연구회를 만들었다. 소그룹 연구회 가입을 희망하는 선생님들이 점차 늘어나 2021년 1그룹이었던 연구회가 2022년 2그룹으로 확장되었다. 이렇게 구성된 연구회는 매월 2번씩 정기적으로 만남을 갖는다. 연구회를 통해 지도하는 아이들의 특성을 이야기하고, 지도하면서 겪는 어려움을 서로 공유하면서 위로받기도 하고 각자가 알고 있는 지도 방법들을 공유하기도 한다. 연구회는 보통 지원단 활동 경험이 많은 선배 선생님이 신규 지원단 선생님들을 이끌고 있는데, 실무 담당자인 내가 전부 해결하기에 역부족인 문제들도 경험을 바탕으로 조언해 주신다. 이런 연구회의 순기능들은 우리가 만나는 아이들에게도 좋은 영향을 미치게 될 것이라 확신한다.

학습클리닉전문가는 멀티플레이어!

지원단 선생님들이 역량을 강화하기 위한 연수 참여와 자체적인 연구회 활동을 통해 수업의 질을 꾸준히 향상시켜 나가고 있다면 학습클리닉전문가는 역량을 어떻게 강화해 나가고 있는지 이야기해 보고자 한다. 먼저 학습클리닉전문가는 '1인 다역의 멀티플레이어'라고 부르고 싶다. 행정 실무는 기본이고, 연수·캠프 프로그램 기획, 인력 채용, 교사와 학부모 상담, 학생 상담, 진단과 중재, 수업 지도의 역할을 모두 충실히 이행하고 있기 때문이다. 나는 이 중에서 학생 상담과 수업 지도가 우리가 가장 집중해야 하는 역할이라고 생각하는데, 이러한 필요에 의해 해마다 각 분야의 전문가들을 모시고 슈퍼비전을 받고 있다. 최근에는 1년 동안 난독증과 한글 문해 지도 방법에 대한 슈퍼비전을 받았고, 올해는 난산증에 대한 이해를 바탕으로 기초 수학을 지도하는 방법에 대한 연간 심층 연수 일정이 예정되어 있다.

도내 학습클리닉전문가들의 상담이나 티칭 경력도 결코 짧지 않다. 그뿐 아니라 오랫동안 축적된 노하우가 많고 학생 지도의 내공도 깊다고 할 수 있는데, 슈퍼비전을 통해 한층 더 전문적인 지식을 저장하고 배운 지식을 학생과의 수업에 적용하면서 역량을 탄탄하게 다져 나가고 있다. 이 밖에도 학생에게 올바른 지원을 해 주기 위해 진단 검사를 실시하고 갈등 상황을 원만하게 중재할 수 있는 능력을 키우기 위한 교육 과정이나 학습 전략을 위한 연수에도 기초에서 심화 과정까지 단계별로 참여하고 있다.

업무가 학습 쪽이다 보니 연수를 통해 끊임없이 배우고 다시 습득하는 과정의 연속이라고 할 수 있다. 연수 과정이 길고 연수 내용이 어려워 때론 포기하고 싶을 때도 있지만, 한 가지 연수가 끝나고 난 후, 또 다시 다른 주제의 연수에 목말라 하는 우리를 바라보고 있노라면 이것이 바로 교사의 직업병이라는 생각도 하게 된다. 배움에는 끝이 없다고 했던가. 배우고 또 배워도 늘 부족함을 느끼곤 한다. 전문가라는 타이틀에 걸맞은 노력을 결코 게을리해서는 안 될 것이다.

내가 만난 '천천히 배우는 아이들'

학습클리닉전문가로 활동한 지 6년차가 되어간다. 처음에는 난독증, 난산증과 같은 용어가 무척 낯설었고 교실에 학습 장애를 가진 아이들이 상상 이상으로 많다는 사실에 놀라기도 했다. 평소에는 단순히 발달이 다른 아이들에 비해 늦거나 학습에 대한 흥미나 의지가 없을 뿐이라고 생각했지만, 막상 학습클리닉전문가로 활동해 보니 실제는 이와 전혀 달랐다. 10년 가까이 초등학생에서부터 고등학생까지 가르쳐 본 경험이 있기 때문에 업무를 잘 해나갈 수 있을 것이라 생각했던 나의 오만함을 인정하는 순간들의 연속이었다. 이전의 경험이 무색할 정도로 나 자신이 초라하게 느껴졌다. '천천히 배우는 아이들'은 교사로서의 진정한 가치관이 무엇인지를 알게 되는 계기를 마련해 주었다.

내가 만나고 있는 '천천히 배우는 아이들'은 10살이 될 때까지 한글을 제대로 읽을 수 없는 아이, 중학생이 될 때까지 구구단을 외우지 못하는 아이, 과잉 행동으로 수업 시간에 수시로 문제를 일으키는 아이, 또래친구들과의 관계를 형성하기 어려운 아이들이다. 가정에서 학습 케어가 이루어지지 않아 학습 결손으로 이어진 아이들이 대부분이다. 한 가지 분명한 것은 슈퍼비전을 받으면서 교수님이 해 주셨던 이야기처럼 이 세상에 공부를 못하고 싶은 아이들은 없다. 실은 모든 아이들의 마음속에는 '나도 공부를 잘하고 싶다'라는 욕심이 숨어 있다라는 것이다. '천천히 배우는 아이들'은 매번 반복되는 실패의 경험 때문에 마치 패잔병처럼 앉아 있다. 이런 틀 속에 자신을 가둬놓고 '난 역시 안 돼'라며 또래 아이들과 동떨어져 있는 것을 당연하게 받아들이고 있는 것이 마음 아프다.

클리닉 수업을 통해 일대일로 지도하다 보면 교사로서 보람을 느끼게 되는 순간을 맞이하게 된다. 아이가 한 단계 한 단계, 천천히 전진하는 자신의 모습을 발견하며 학습에 자신감을 갖게 되었다거나 교실에서 이전과는 다른 태도로 수업에 임한다는 담임 선생님의 말씀을 들으면 가슴이 벅차오른다.

학습종합클리닉센터의 업무를 시작한 지 얼마 지나지 않았을 무렵에 만났던 4학년 남자아이가 아직까지 내 기억 속에 생생하게 남아 있다. 이 아이는 유독 학습에 대한 거부감이 심해 책상 위에 올라가 뛰거나 내 앞에서 드러누워 울기 일쑤였다. 이 아이의 주 양육자는 연세가 많으신 할머니셨고 아버지는 타지에서 일을 하시며 한 달에 한 번 또는 몇 달에 한번 집에 다녀가신다고 했다. 아이는 할머니의 사랑보다 더 큰 사랑이 필요했던 것 같다. 그 아이를 만나러 가는 날이면 마음이 늘 무거웠다. '내가 이 아이에게 해 줄 수 있는 것이 있을까?', '나는 이렇게도 무능력한 교사인가?', '아이를 포기해야 하는 걸까, 아니면 내가 이일을 포기해야 하는 걸까?'와 같은 질문들을 하면서 무척 괴로워했다. "천천히 가는 게 필요해요. 조금 느린 호흡으로 아이를 기다려 줘요. 그러면 아이가 마음을 열고 반응할 거예요"라는 선배 학습클리닉 선생님의 조언을 마치 마법의 주문처럼 외우며 마음을 다잡았다.

교실을 뛰어다니고 일부러 어깃장을 놓는 아이에게 화를 냈다면 아이는 점점 더 튕겨져 나갔을 것이다. 이와 더불어 마음의 문도 굳게 닫았을 것이다. 인내하면서 기다려 주었다. 아이가 원할 때까지 아이 앞에 학습 교재를 펼쳐놓지 않았다. 울면서 흥분하는 아이가 잠잠해지면 아이의 눈을 보면서 아이의 이야기를 들어 주거나 가끔 교실을 조금 벗어나 교정을 걸으며 화단을 구경하고 놀이터에서 가벼운 신체 활동을 같이 하는 것만이 내가 할 수 있는 일의 전부였다. 그러자 아이가 차차 바뀌기 시작했다.

담임 선생님도 이 아이의 변화를 보고 놀라워하셨다. 아이의 작은 변화가 나에게는 실로 큰 힘이자 위로가 되곤 한다. 아이와 눈을 마주칠 수 있게 되었다는 것은 아이가 마음을 열었다는 것이자 드디어 공부할 수 있는 마음의 준비가 되었다는 신호이기 때문이다. 그 아이에게는 2년 정도 더 학습클리닉의 지원이 이어졌고 부족했던 기초학력도 많이 향상되어 드디어 졸업을 하게 되었다. 그 아이뿐 아니라 나 역시 성장하게 된 소중한 시간이라고 생각한다.

그 이후로 학습클리닉 6년차에 접어들었다. 그동안 클리닉센터를 통해 수없이 많은 아이를 만났다. 내가 첫해에 지도했던 아이와 같은 케이스도 있지만, 마음을 열기까지 오랜 시간이 걸리지만, 학습에서의 발달 속도는 빠른 케이스도 있다. 정서상의 어려움을 겪고 있거나 환경적으로 뒷받침이 안 되면 공부머리가 있더라도 학습에 나쁜 영향을 미친다는 사실을 알 수 있는 대목이기도 하다. 하지만 열악한 환경을 딛고 일어나 한 단계 더 발전하는 모습을 바라보는 것은 참으로 기쁜 일이다. 초롱초롱한 눈망울로 나를 기다려 주는 아이들을 위해서라도 교사로서 배움을 게을리해서는 안 되겠다고 다짐해 본다.

포스트 코로나 시대의 기초학력

코로나19는 학교에도 큰 위기를 초래했다. 코로나19가 진행되면서 원격 수업이라는 방법으로 수업의 위기를 잘 극복해 오긴 했지만, 대면 수업만큼의 효과를 기대하기에는 부족한 면이 많았다. 교육 현장에 있는 교사라면 누구나 공감할 것이다. 원격 수업은 천천히 배우는 아이들에게 심각한 영향을 미칠 것이라는 우려가 조금씩 현실로 나타나는 것 같다. '코로나19로 인한 기초학력 격차가 더 크게 느껴진다.'라는 1~2학년 담임 선생님들의 현실적인 반응에 공감한다. 올해 초등학교 1, 2학년 중 한글 미해득 학생을 위한 지원 신청 증가 추이는 이전과 사뭇 다르다. 원주학습종합클리닉센터의 지원을 신청한 학생들은 약 340여 명에 이르고 실제로 학습 지원과 심리·정서적 지원이 필요한 총 학생 수는 266명이다. 지원 신청 학생 수가 300명이 훨씬 웃도는 경우는 이번이 처음으로, 이 수치도 곧 금방 넘을 것으로 예상된다.

코로나19가 발생한 첫 해는 정말 무방비 상태였다. '일반적으로 학습을 무리 없이 잘 따라가는 아이들도 대면 수업과 원격 수업 상황에서의 참여도나 태도가 각기 다른 법인데, 수업 시간에 자리에 앉아 있기 힘든데다 집중도도 낮은, '천천히 배우는 아이들'이 과연 원격 수업을 잘 따라올 것인가?' 그 대답은 너무나 부정적이었다. 코로나19 상황 속, 아이들을 직접 만나지 못하는 상황이 지속되면서 대면 수업을 해야하는 우리는 어려움이 가중되고 있었다. 이 공백을 어떻게 채워 나가야 할 것인지 고민이 많다. 도내 모든 학습종합클리닉센터는 기초학력에

쏟는 예산이나 정책들이 늘어나고 있는 상황 속에서 지금과는 몇 배의 막중한 책임감을 느껴야 할 것이다.

내가 가야 할 길, 느리지만 당당하게

'천천히 배우는 아이들'과 함께 동행하는 여정은 빠른 결과물을 기대하는 교사로서의 욕심을 어느 정도 내려놓아야 오랫동안 함께 할 수 있는 일인 것 같다. 하지만 지도를 하다보면, '어느 정도까지는 목표 지점에 도달해야 하고, 이 정도는 진전도가 있어야 해.'라는 교사로서의 원초적인 본능을 잠재우기는 어렵다. 하지만 나는 학습클리닉전문가의 가장 중요한 자질은 아이들에게 무한 경쟁 시대에서 높은 학습성과만이 중요하다고 가르치는 것이 아니라 이야기를 들어 주고, 함께 걷고, 기다려 주는 것이라고 생각한다.

학습종합클리닉센터가 책임지고 있는, 이른바 기초학력을 다지는 일은 교사, 학부모, 학생의 기대나 관심도가 큰 영재 교육 분야와는 결이 조금 다르다. 하지만 기초학력을 생략하고 어찌 영재교육이 존재할 수 있을까? 이는 마치 집을 지을 때 튼튼한 기초 작업 없이 절대 안전한 집을 지을 수 없는 것과 같다.

학습클리닉전문가들도 나름의 전문가라는 인식을 가져야 역량을 꾸준히 키워 나갈 수 있다. 선배 선생님들 중에는 학습클리닉전문가로서 활동하는 와중에도 상담이나 언어 재활 치료를 더 깊이 공부하기 위해 석·박사 과정을 밟고 있는 분도 있다. '천천히 배우는 아이들'에 대한 이해가 더 깊어질 수밖에 없다. 아이를 성장시키기 위해 끊임없이 배우고 있는 많은 선생님의 노고를 어찌 다 말로 설명할 수 있을까?

때론 전문가라는 명칭이 주는 무게가 무겁게 느껴지곤 한다. 또한 경력이 길지 않기 때문에 전문가라는 말도 선뜻 나오지 않는다. 하지만 이 책임감이 부끄러움으로 이어지지 않도록 스스로 채찍질하며 배워 나가야 한다는 것을 그 누구보다 잘 알고 있다.

강원도 학습종합클리닉센터가 설립된 지는 올해로 10년째이다. 그래서인지 꽤 안정적인 단계로 접어들었다. 비록 해야 할 일이 많이 남아 있긴 하지만 강원도 내의 지역 청마다 운영되는 지원 시스템이 빛을 발하고, 그 노력들이 강원도 내에 거주하는 학생들의 기초학력을 향상시키는 데 중요한 디딤돌이 되어 주고 있다고 확신한다. 반면 전국의 시·군 지역에서는 많은 센터가 아직 과도기 단계에 머물러 있다. 교육 공무직의 처우 개선도 미흡하고 누구나 초반에 겪을 수 있는 시행착오들을 겪고 있는 것이다. 이런 상황에서 강원도 학습종합클리닉센터의 시스템이 길잡이 역할을 하게 되기를 소망한다. 실제로 타 지역 교육지원청에서 그간 10년의 강원도 학습종합클리닉센터의 운영 시스템을 배우고자 노하우를 요청하는 경우도 있다는 이야기를 들으면 작은 일이라도 결코 소홀하게 생각할 수 없다는 것을 다시 한번 느낀다.

내가 지금 걷는 속도는 겉으로 보기에 느릴 수 있다. '천천히 배우는 아이들'의 속도에 맞춰야 하기 때문이다. 하지만 우리가 가지고 있는 목표와 방향은 여느 교사 못지않게 명확하다. 모든 아이가 앞으로 나아가는 데 조력자가 되어 주는 것! 어제보다 오늘이, 오늘보다 내일이 더 즐거울 수 있도록 이끌어 주는 것! 이것이 바로 우리의 목표이자 사명이다.

'천천히 배우는 아이들'을 만나면서 무엇보다 해주고 싶은 말이 있다. "얘들아 천천히 가도 괜찮아. 지금 당장 느리게 간다고 너무 걱정하지 마. 너희들도 곧 어여쁜 꽃을 피울 거야. 느리지만 당당하게 선생님과 이 길을 함께 가 보자."

마지막으로 아직 척박한 이 길 위에서 '천천히 배우는 아이들'을 성장시키기 위해 끊임없이 노력하고 있는 전국의 학습클리닉전문가 또는 학습상담사 선생님들 모두 힘내시기를 뜨거운 마음으로 응원한다.

전문가라는 희망의 날개

김선덕
(동해교육지원청 학습클리닉전문가)

상전벽해(桑田碧海)

　　"띨릴리~, 띨릴리~, 띨리"

전화벨이 울린다. 세 번 울리기 전에 수화기를 든다. 그리고는 자동 응
답기처럼 말한다.

"예, 감사합니다. 동해교육지원청 학습종합클리닉센터 학습클리닉전문
가 김선덕입니다."

"안녕하세요? ○○초등학교 기초학력 담당 교사인데 학습클리닉 신청
을 어떻게 하나요?"

학기 초가 되면 이와 같은 문의 전화가 많아진다. 교육청에서 처음 일
을 시작할 때는 전화를 받는 것이 무척 어려웠다. 어떻게 대답해야 할
지 몰라 말이 계속 꼬였다. 다른 곳에서 근무하다 이직한 상태라 머릿
속에 이전의 직장명이 각인되어 계속 말실수를 하곤 했다. 곤혹스러웠
다. 요즘처럼 자연스럽게 대답하기까지 수개월은 걸린 것 같다.

2022년은 동해교육지원청 학습종합클리닉센터가 10주년을 맞이하는
해이다. 10년 전까지만 해도 대부분의 사람들은 학습클리닉이라는 단
어를 무척 생소하게 느꼈다. 이런 상황에서 암중모색(暗中摸索)하며,
고진감래(苦盡甘來)를 기대하고, 동분서주(東奔西走)하며 맡은 바 업무

에 충실하고자 노력했던 10년을 돌아보면서 이 글을 쓴다.

이 글을 통해 가르치는 사람들이 어떻게 하면 한글을 효과적으로 교육할 수 있는지, 난독증 아동을 어떤 방법으로 지도하면 좋은지, 한글 미해득 단계에서 해득 단계로 단기간에 도달하게 할 수 있는 방법은 무엇인지를 알려 주고 싶다. 이 방법이 초보 학습클리닉전문가, 기초학습지원단, 초등 저학년을 가르치는 새내기 교사, 저학년 자녀를 둔 학부모들에게 미력이나마 도움이 되었으면 좋겠다.

나는 학습종합클리닉센터를 운영하고 있는 10년 차 학습클리닉전문가이자 한글문해교육전문가이다. '천천히 배우는 학생들'을 가르치는 일이 나의 주된 업무이다. 그리고 센터 업무와 기초학습지원단도 운영하고 있다. 이 센터가 처음 생긴 후 지금까지 줄곧 '천천히 배우는 학생들'과 동고동락(同苦同樂)했다.

'천천히 배우는 학생들'이란, 학습이 부진한 학생들을 말한다. 학습 부진이라는 말은 '공부를 못한다'라는 의미뿐 아니라 '지능이 낮다'라는 의미까지도 확대해서 해석될 수 있기 때문에 '천천히 배우는 학생'이라는 명칭을 사용하게 되었다.

동해교육지원청 학습종합클리닉센터는 학습클리닉전문가 혼자 운영하기 때문에 할 일이 무척 많다. 해야 할 일이 너무 많아, 힘에 부칠 때는 포기하고 싶을 때도 있다. 하지만 그렇게 할 수는 없다. '천천히 배우는 학생들'에게 꿈과 희망을 심어 주고, 이들에게 없어서는 안 될 든든한 지원자로 자리매김하고 있기 때문이다. 그뿐 아니라 내가 가장 좋아하고 잘하는 일이 학생을 가르치는 일이고, 그 무엇보다 조금씩 발전하고 있는 아이들의 모습을 바라보는 기쁨이 크기 때문이다.

상전벽해(桑田碧海)라는 말처럼 10년이면 강산도 변한다. 동해교육지원청 학습종합클리닉센터도 강산이 변하는 것 못지않게 발전했다. 주의력 결핍 과잉 행동 장애(ADHD), 우울불안, 관계성 결여, 다문화 가정, 학습 결손, 3R's[1] 부족, 난독증, 동기 부족 등과 같은 다양한 증상 때문에 학습이 부진해져 교육 과정에 설정된 학업 성취 수준에 도달하지 못하여 학습에 어려움을 겪고 있는 많은 학생이 학습종합클리닉센터의 도움을 받았다. 그 결과 이 학생들에게 많은 변화가 일어났다. 한글 미해득 학생이 한글을 해득할 수 있게 되었고 기초 학습이 부족했던 아이들이 같은 학년의 아이들을 따라갈 만큼 역량도 강화되었다. 이 밖에도 동해교육지원청 학습종합클리닉센터는 주의력 결핍 과잉 행동 장애(ADHD)가 심한 학생들 중 가정 형편이 어려운 학생들이 치료

---

1) 3R's: 읽기(Reading), 쓰기(wRiting), 셈하기(aRithmetic)

를 받을 수 있게 해 줌으로써 과잉 행동이 줄어들고 집중력이 좋아져 학교생활에 더 잘 적응할 수 있게 도움을 주었다.

전문가가 되기까지

내가 대학에 들어갈 때는 4년제 대학을 전기대와 후기대로 나누어 지원서를 내야만 했다. 전기대 지원이 모두 끝나 합격자 발표가 난 후에야 후기대에 지원서를 쓸 수 있었다. 전기대에서 떨어졌더라도 후기대에 갈 수 있는 시스템이었다.

나는 전기대에 갈 수 있었지만, 어려운 가정 형편 때문에 전기대에 지원서를 내지 못했다. 아버지께서는 언니, 오빠들도 보내지 못한 대학을 보내 줄 수는 없다고 말씀하셨다. 흑백 텔레비전에서는 전기대 지원서 마감이 임박했다는 뉴스가 방송되고 있었다. 뜨거운 눈물이 양쪽 볼을 타고 흘러내렸다. 아랫목에 엎드려 이불을 뒤집어쓰고, 하염없이 흐르는 눈물을 닦으며 '왜 나는 이런 가난한 집안에 태어났을까? 뒷바라지도 못할 거면 낳지나 말지.'라며 부모님을 원망했다.

아버지는 눈물을 흘리고 있는 딸의 뒷모습을 아무 말 없이 하루 종일 지켜만 보고 계셨다. 그렇게 꼼짝도 않고 윗목에 앉아 계시던 아버지가 그때는 더 원망스럽기만 했다. 41년이라는 세월이 흐른 지금, 그때의 아버지의 마음을 헤아려보니 '내가 너무 철부지였구나!'라는 생각이 든다. 행여라도 딸자식이 다른 마음을 먹을까 봐 지켜보고 계셨던 것을 나는 알지 못했다. 그리고 '돈이 없어서 자식을 대학에 보내지 못하는 부모의 마음은 오죽 했을까?'를 생각하니 마음이 아프다. 어찌 자식이 부모의 마음을 만분의 일이나 헤아릴 수 있으랴.

나의 꿈은 중학교 교사가 되는 것이었다. 이 꿈을 이루기 위해서는 반드시 대학에 가야만 했다. 하지만 어려운 가정 형편상 부모님 도움은 꿈도 꿀 수 없었다. 어떻게든 내 힘으로 공부를 해야 했다. 전기대는 아니었지만 교사가 될 수 있고 집에서도 다닐 수 있는 후기대학교 사범대학에 장학금을 받고 들어갔다. 이 대학을 졸업하면 누구나 교사 자격증을 취득할 수 있고 교사 임용 시험도 볼 수 있었다. 그리고 전기대, 후기대, 국립대, 사립대를 막론하고 사범계열이면 누구든지 동등하게 교사 임용 시험을 보고, 성적에 따라 발령이 났다. 희망을 갖고 열심히 공부했다.

하지만 대학 2학년 때 교사 임용 제도가 바뀌는 것이 아닌가! 마른하늘에 날벼락도 유분수지, 교사 임용 제도가 폐지되다니…. 대학을 졸업하고 교사 자격증은 받았지만, 교사는 될 수 없었다. 국립대학 사범계열 출신들만 교사로 발령을 냈기 때문이다. 참 난감했다. 대학에 간 것을 후회했다. 가난한 부모님을 원망하고, 조변석개(朝變夕改)와 같은 교육 정책을 원망하고, 하늘을 원망했다. 그러나 원망한다고 가정 형편이 나아질 리 없고, 당장 교육 정책이 바뀔 리도 만무했다. 돈을 벌어야 했기에 2개월짜리 기간제 교사, 옷가게 점원, 고속도로 휴게소 식당 서빙 등을 전전했다. 어쩌다 국회의사당 내 국회의원 사무실에서 근무하게 되었지만, 결혼을 하게 되어 그마저도 사직해야 했다. 아이들이 태어나고 전업주부로 살았다. 첫아들이 초등학교에 들어갈 때 쯤 나는 내 할 일을 찾기로 결심했다. 남편 혼자 벌어서는 평생 가난을 못 벗어 날 것 같았다. 내 자식들에게는 돈이 없어 가고 싶은 대학을 못가는 아픔을 겪게 하고 싶지 않았다. 학원 강사 모집 광고를 보고 지원했다. 이것이 10년 동안 학원에서 학생들을 가르치게 된 계기가 됐다.

나는 10년 동안 종합학원 강사 생활을 했다. 내 아들들도 내가 근무하는 학원에 다녔다. 다행스럽게도 전교 1등을 하는 우등생들이었다. 작은아들이 중학교 3학년이 되었을 때 형을 따라 특목고에 간다고 하는 바람에 학원 강사직을 그만두었다. 그 당시 특목고에 다니던 큰아들은 수학, 과학은 매우 잘했지만, 영어는 잘하지 못했다. 영어 과목 때문에 고전하던 큰아들을 보면서 작은아들은 영어 공부를 더 시켜야겠다고 생각했다. 그러려면 영어 단과 학원을 선택해야만 했다. 하지만 종합학원 원장은 학원을 광고하기 위해 작은아들을 놓아 주려고 하지 않았다. 나는 어쩔 수 없이 종합학원을 그만두고 작은아들을 단과학원에 보냈고 결국 특목고에 입학시켰다. 그 후 나는 학교에서 몇 년 동안 기간제 교사로 일했다. 그러나 기간제 교사라는 직업의 특성상 매년 일을 계속 할 수는 없었다.

그러다 강원도 17개 교육지원청에 학습종합클리닉센터가 구축되면서 학습클리닉 강사를 채용한다는 공고문을 보고 지원서를 냈고 면접 시험에 합격했다. 비록 정규직 교사는 아니지만 학생을 가르치는 일을 할 수 있어서 정말 기뻤다. 내가 학습클리닉 강사가 될 수 있었던 것은 한 순간도 꿈을 포기하지 않았기 때문이라고 생각한다.

아들들을 키웠던 노하우와 학원 강사 경력을 바탕으로 소외된 학생들에게 희망을 주고 싶어 학습클리닉 강사가 되었다. '한부모 가정, 조손 가정, 다문화 가정 등의 저소득층 가정의 소외되고 주목받지 못하는 학생들에게 등불이 되어 그들의 인생을 바꿔 주고 싶다'라는 다짐을 하며 자신만만하게 학습 코칭을 시작했다.

그러나 첫날부터 난관에 부딪혔다. 일반 학원에서는 학생들에게 정확한 지식을 전달하여 성적만 잘 나오게 하는 것을 최고의 가치로 여기지만, 학습클리닉센터에서는 지식만 전달하면 되는 게 아니었다. 상처받은 학생의 마음을 어루만지고, 닫힌 마음을 여는 기술이 필요했다. 엄마, 아빠의 역할뿐 아니라 친구로서 놀이의 상대도 되어 주어야만 했다.

처음 학습 코칭을 하기 위해 사전 면담을 하던 때가 떠오른다. 비록 10년 전의 일이지만 아직까지 뇌리에서 지워지지 않고 있다.

초등학교 2학년 남학생이었다. 이 아이를 처음 만난 곳은 상담실이었다. 이 아이가 상담실 문을 열고 들어서는 순간 '개구쟁이'가 연상되었다. 까무잡잡한 피부, 마른 체격, 얼굴과 팔, 손등에는 상처투성이었다. 굳은 표정으로 내 앞에 있는 의자에 앉았다. 경계심이 느껴졌다. 어떤 질문을 해도 대답하지 않고 가만히 앉아 있었다. 그 순간 내 머릿속에는 수많은 생각이 스쳐갔다. "너는 말 못하니? 말 좀 해 봐. 말을 안 하면 어떻게 하니?"라고 말하고 싶었지만, 꾹 참고 심호흡을 했다.

"나는 교육청에서 나온 학습클리닉 선생님인데, 동해(가명)가 어떤 어려움을 겪고 있는지 알아보려고 나왔단다. 그러니까 선생님의 질문에 대답해 주면 좋겠어."라고 최대한 다정한 목소리로 부드럽게 말했다. 그러나 이 말을 하고 난 후 스스로를 질책했다.

'교육청이 무엇인지도 모르는 아이에게 학습클리닉이라는 말을 하다니…'

후회가 밀려왔다. 하지만 이미 엎질러진 물, 쏘아 놓은 화살이었다. 다시 설명한다고 해도 소용없을 것 같았다.

A4 용지를 내밀었다.

"여기에 학교 이름과 네 이름을 써 볼래?"

"학교 이름 못써요."

"음, 그렇구나, 그러면 이름만 쓰세요."

그러자 동해라는 자신의 이름을 겨우 썼다.

"어머, 이름을 잘 쓰는구나. 동해는 몇 학년이지?"

"아홉살요."

"아니, 나이가 아니라 학년말이야."

"아홉 살요."

이후 서너 번을 계속 물어도 똑같은 대답을 했다. 아마도 '아홉 살이면 당연히 2학년이라는 것을 알 수 있지 않느냐?'라며 반항하고 있는 것 같았다. 하지만 나는 그 아이가 "2학년이요."라고 대답해 주기를 바랐다.
몸을 양옆으로 뒤틀고 비비꼬면서 마치 어린아이가 어리광을 부리듯, 투정을 부리듯이 말했다.

"아잉, 나이가 아니라 학년 말이야~."

그 순간 그 아이의 양쪽 입꼬리가 위로 살짝 치켜 올라갔고, 눈은 초승달처럼 변하면서 얼굴에 감정이 나타났다. 그런 다음부터는 어떤 질문을 해도 대답을 잘했다. 내가 이런 행동을 한 이유는 아이의 닫힌 마음을 여는 것이 가장 중요했기 때문이다.

학습 상담과 학습 코칭을 진행하면서 동해의 처지와 가정 형편을 알게 되니 동해가 나를 처음 만났을 때 왜 그런 행동을 했는지 짐작할 수 있었다. 동해는 조손 가정의 아이로, 어려서부터 할머니와 단둘이 생활하고 있었다. 엄마는 아빠와 이혼한 후 타지에서 살고 있었고 아빠는 어렸을 때 집을 나가 소식이 없다고 했다. 생활이 어렵다 보니 할머니는 동해를 언제나 엄하게 대하고 다정하게 감싸주지 않았다. 동해가 어른들에게 반항적인 마음을 갖게 된 이유는 바로 이 때문이었다. 동해는 할머니가 싫다고 말했다.

동해는 '어른들은 다 나빠!'라는 고정관념을 가지고 있었기 때문에 나에게도 반항심을 드러냈던 것이다. 그런데 내가 역정을 내지 않고 친구처럼 행동한 것이 동해에게 웃음을 주었고, 굳게 닫혔던 마음의 문이 열렸던 것이다.

어느 날 동해가 오른쪽 발에 붕대를 감은 채 절룩거리며 나타났다. 깜짝 놀라 물었다.

"왜 발을 다쳤니?"

"유리에 찔렸어요."

"무얼 하다 유리에 찔렸어?"

"제가 유리창을 발로 찼어요."

가슴이 쿵하고 내려앉았다. 이 어린아이가 무슨 일이 있어 화를 못 참고 유리창까지 깼을까를 생각하니 마음이 아팠다.

"친구와 싸웠니?"

"아니요."

"그럼?"

"할머니가 돼지 저금통에서 제 용돈을 꺼내 썼어요. 그래서 거실 유리창을 발로 찼어요."

"그랬구나! 정말 속상했겠다. 그렇더라도 이렇게 다치는 행동을 하면 안 돼. 얼마나 아팠을까?"

이렇게 위로를 하는 것과 동시에 다음에는 이런 행동을 하지 않도록 하기 위해 따끔한 말을 하기도 했다.

"그러다가 잘못하면 발이 잘릴 수도 있단다. 다시는 그런 행동하지 마라."

그러자 동해는 고개를 끄덕였다.

그 후로도 나는 동해와 함께 운동장에서 나비도 잡고, 잠자리도 잡고, 비행기도 날렸다. 심지어 닭싸움도 함께했다. 동해는 학습 코칭 시간에 늦지 않았고, 눈이 내린 겨울 방학 동안에도 공부를 하러 학교에 나왔다. 나보다 먼저 학교에 도착해 교문 앞에서 나를 기다려 주는 아이로 변했다. 그리고 동해가 글을 읽을 수 있을 때쯤 새 학년이 되어 내 곁을 떠났다.

나는 10년 동안 조손 가정 아이들의 학습 코칭, 다문화 가정 아이의 한글문해교육, 경계선 지능 아동의 곱셈 구구 자동화하기, ADHD 학생의 학습 코칭, 난독증 아동의 한글문해교육, 기초 국어·수학이 부족한 학생들의 학습 코칭 등과 같은 활동을 했다.

'천천히 배우는 학생들'을 가르친다는 것은 결코 쉬운 일이 아니다. 학습클리닉 교사로서 ADHD, 난독증, 조손가정, 한부모 가정, 경계선 지능과 같은 여러 증상이 복합적으로 내재되어 있는 학생들을 가르치려면 돌발상황에도 대처할 수 있는 기량이 필요하다. 마치 어떠한 기상 조건에서도 제 기능을 다하는 다목적 댐처럼 학습클리닉 교사는 전천후의 능력을 발휘해야만 한다.

여러 가지 증상이 복합적으로 내재되어 있는 학생들에게 '어떻게 하면 단기간에 한글 미해득 단계에서 해득 단계로 도달하게 할 수 있을까? 특히 공부하기 싫어하는 아이들에게 한글 자모를 재미있게 가르치려면 어떻게 해야 할까?'라는 고민을 해야만 했고 이 고민을 해결하기 위해 부단히 노력했다.

똑같은 난독증 아동을 대상으로 하는 한글문해교육이라도 학생마다 접근하는 방법을 달리해야만 했다. 그러려면 진짜 전문가가 되어야 했다. 그래서 도교육청에서 제공하는 역량 강화 연수를 5~6년 동안 1년에 100시간씩 수강했고, 슈퍼바이저 교육도 받으면서 학습클리닉전문가 자격증과 한글문해교육전문가 자격증을 취득했다.

이 자리를 빌어 교육 전문가로 거듭날 수 있도록 다양한 연수 과정을 제공해 주고 있는 도교육청 관계자들에게 고마움을 전하고 싶다. 이러한 배려와 지원이 있었기에 학습클리닉전문가, 한글문해교육전문가의 역할을 다할 수 있었다.

전문가가 되고 나서

기초 수학 공부도 중요하지만 초등 저학년 한글 미해득 아동들에게는 한글문해교육이 무엇보다 중요하다. 한글을 읽고, 쓰고, 말하는 것이 자연스럽게 이루어져야 고학년이 되어 스스로 공부할 수 있는 기반이 된다. 그런데 한글을 제대로 읽지 못하는 난독증 아동들은 별도의 교육을 받지 못하면 학습 부진이 누적되어 고학년이 될수록 학습에 뒤처지고 학교에 적응하지 못하여 문제아가 되는 경우가 많다. 따라서 한글 미해득 문제가 초등학교 3학년 이전에 해결돼야 한다. 그렇지 못하면 모든 학년에서 기초 학습 부진으로 고착될 확률이 90% 이상이라고 한다. 이 문제를 극복하려면 한글 해득 교육이 우선적으로 이루어져야 한다. 내가 한글문해교육에 좀 더 중점을 두어 학생들을 지도하는 이유는 바로 이 때문이다.

한글은 표음 문자(表音文字)로, 40개의 음운으로 이루어져 있다. 따라서 이 음운의 소리 값과 합성 방법만 터득하면 누구나 쉽게 익혀 읽고 쓸 수 있다. 그러면 음운은 무엇을 말하는 것일까? 음운은 말의 뜻을 구별해 주는 소리의 최소 단위이다. 예를 들어 '발'과 '벌'에서 [ㅏ]와 [ㅓ], '물'과 '불'에서 [ㅁ]과 [ㅂ]의 차이가 있어 말의 뜻을 쉽게 구별해 주므로 [ㅏ], [ㅓ], [ㅁ], [ㅂ]와 같은 것들을 '음운'이라고 한다. 한글의 음운은 크게 '자음'과 '모음'으로 구분된다.

자음은 19개의 음운, 즉 기본 자음 14개와 복합 자음 5개로 구성되어 있다. 'ㄱ, ㄴ, ㄷ, ㄹ, ㅁ, ㅂ, ㅅ, ㅇ, ㅈ, ㅊ, ㅋ, ㅌ, ㅍ, ㅎ'이 기본 자음, 'ㄲ, ㄸ, ㅃ, ㅆ, ㅉ'이 복합 자음이다.

자음은 발음할 때 허파에서 나오는 공기의 흐름이 목 안이나 입안의 어느 부분에 부딪혀 나는 소리이다. 따라서 자음은 소리가 나는 위치에 따라 입술소리, 혀끝소리(잇몸소리), 센입천장소리, 여린입천장소리로 나눌 수 있고, 목청의 울림 여부에 따라 울림소리(유성음)와 안울림소리(무성음)로도 나눌 수 있다.

자음 중 'ㅁ[므], ㅂ[브], ㅍ[프], ㅃ[쁘]'는 입술소리, 'ㄷ[드], ㄸ[뜨], ㅌ[트], ㅅ[스], ㅆ[쓰], ㄴ[느], ㄹ[르]'는 혀끝소리(잇몸소리)이다. 'ㅈ[즈], ㅉ[쯔], ㅊ[츠]'는 센입천장소리, 'ㄱ[그], ㄲ[끄], ㅋ[크], ㅇ[응]'은 여린입천장소리에 속한다. 그리고 'ㅎ[흐]'는 목청소리이다.

모음은 모두 21개의 음운으로 이루어져 있고, 발음하는 방법에 따라 '단모음'과 '이중 모음'으로 나뉜다. 단모음은 발음할 때 입술 모양이나 혀의 위치가 변하지 않는 모음이다. 따라서 'ㅏ, ㅐ, ㅓ, ㅔ, ㅗ, ㅚ, ㅜ, ㅟ, ㅡ, ㅣ'가 단모음에 속한다. 단 'ㅚ, ㅟ'는 이중 모음으로 발음할 수도 있다.

이중 모음은 발음할 때 입술 모양이나 혀의 위치가 변하는 모음이다. 따라서 'ㅑ, ㅒ, ㅕ, ㅖ, ㅘ, ㅙ, ㅛ, ㅝ, ㅞ, ㅠ, ㅢ'가 이중 모음으로 분류된다.

그런데 초등학교 국어 교과서에는 모음을 단모음과 이중 모음으로 구분하지 않고 기본 모음 10개와 복잡한 모음 11개로 구분하였다. 기본 모음에는 'ㅏ, ㅑ, ㅓ, ㅕ, ㅗ, ㅛ, ㅜ, ㅠ, ㅡ, ㅣ'가 있고, 복잡한 모음에는 'ㅐ, ㅒ, ㅔ, ㅖ, ㅘ, ㅚ, ㅙ, ㅝ, ㅞ, ㅟ, ㅢ'가 있다.

초등 저학년 학생들이 학습클리닉 대상자가 되는 주된 이유는 한글을 잘 읽지 못하기 때문이다. 이 학생들 중 대부분이 복잡한 모음의 음가를 몰라 한글 미해득에 머무는 경우가 많다. 이렇게 음운의 해독을 어려워하는 증상을 '난독증'이라고 한다.

내가 만났던 초등 저학년 아이들 중에는 유독 한글 해득이 전혀 안 되는 난독증 학생들이 많았다. 음운 인식과 낱자-소리 대응을 몰라 글 읽는 것을 어려워하거나 꺼려했다. 기존의 통글자 교육으로 글자를 배운 학생들이라 '가나다라마바사아자차카타파하'를 말로는 할 줄 알았지만, '쟈'라는 글자가 문장 속이나 단어 속에, 즉 '과자가 책상 위에 있다.'라는 문장속에 들어가 있으면 그것이 '쟈'인지를 인식하지 못하거나 읽지 못했다. 한글은 소리 글자이므로 소리 값을 알게 하고 스스로 소리를 합성하여 글자를 만들거나 읽을 수 있게 하는 것이 중요하다.

난독증 학생들의 한글문해교육은 발음 중심 교육이 중요하기 때문에 낱자의 소리 값을 익히고, 낱글자와 소리 값을 대응하는 훈련을 해야 한다. 음운을 가르칠 때는 자음과 모음 중 모음부터 가르치는 것이 좀 더 효과적이다. 왜냐하면 모음은 소리 값과 낱글자가 일치하기 때문에 학생들이 이해하기 쉽고, 빨리 받아들일 수 있기 때문이다.

난독증 학생들에게 모음을 지도할 때는 다음과 같은 점에 유의해야 한다.

첫째, '아, 야, 어, 여, 오, 요…'와 'ㅏ, ㅑ, ㅓ, ㅕ, ㅗ, ㅛ…'가 같은 음운이라는 것을 인식시키는 것이 중요하다.

둘째, 한글 자석을 학습 놀이로 이용할 때 하나의 낱글자를 뒤집거나 창의적으로, 즉 다른 음운으로 바꾸어 사용하지 말아야 한다. 다시 말하면 한글 자석을 이용하면 '천천히 배우는 학생들'이 한글의 음운을 이해하는 데 많은 도움이 된다. 하지만 'ㅏ'라는 한글 자석을 칠판에 붙여 놓고, 이 'ㅏ'를 떼어 'ㅓ/ㅗ/ㅜ'로 바꾸거나 뒤집어서 사용하면 안 된다. '천천히 배우는 학생들'은 그것을 잘 이해하지 못해 '아이'라는 단어를 읽을 때 '아'를 어떻게 읽어야 하는지 혼란스러워한다. 예를 들면 '아'가 바뀌는 것을 본 학생은 급기야 '아이'라는 단어를 읽을 때 [어이, 오이, 우이]라고 읽어도 된다고 생각한다. 그래서 '어떻게 읽을까?'하고 망설이게 된다. 따라서 난독증 학생들에게 모음을 지도할 때는 교사가 신중하게 행동해야 한다.

내가 가르쳤던 '천천히 배우는 학생들'은 이중 모음과 복잡한 모음, 대표 받침의 음가를 몰라 한글 미해득에 머무는 학생이 많았다. 그래서 나는 이중 모음과 복잡한 모음, 대표 받침 읽기를 집중적으로 교육했다. 그중에서도 특히 이중 모음과 복잡한 모음에 중점을 두어 지도했다. 이중 모음과 복잡한 모음을 완벽하게 읽게 하는 것이 한글 미해득에서 탈출하는 가장 빠른 해결책이기 때문이다.

한글 미해득 학생들에게는 한국교육과정평가원에서 발행한 『찬찬 한글』을 주로 사용하여 가르쳤다. 하지만 모음 부분에서는 조금 미흡한 점이 있었다. 특히 '천천히 배우는 학생들'에게는 더욱 그러했다. 이 책에 나오는 대로 모음을 아무리 가르쳐도 다음날이면 모두 잊어버렸다. 어떤 학생은 "그 책 학교에서 다 했어요. 그 책으로 공부하기 싫어요."라며 떼를 쓰기도 했다. 상황이 이렇다 보니 이 학생들에게 어떤 방법으로 모음을 가르쳐야 할지를 고심하고, 또 고심했다.

'21개의 모음을 어떻게 하면 재미있게 가르칠 수 있고, 학생들이 빠르게 익힐 수 있고, 오래도록 기억하게 할 수 있을까?'가 가장 큰 문제였다. 이 문제를 해결하기 위해 나만의 '모음 자동화시키기' 활동지를 만들었다. 이 활동지로 교육을 했더니 학생들이 정말 재미있게 활동에 참여했다. 이 활동지는 총 4단계로 이루어져 있다.

한글 모음 자동화시키기 1단계는 기본 모음 '아야어여'도 모르는 학생들에게 사용한다. 만드는 방법은 A4 용지에 정사각형의 모양을 그린 후 그 안에 가로, 세로로 줄을 그어 5칸씩 나누면 25칸의 작은 정사각형이 된다. 그런 다음 각 칸에 기본 모음 중 '아야어여오요우유'를 무작위로 써 넣어 활동지로 사용한다. 2단계는 1단계와 같은 방법으로 가로, 세로로 10칸씩 나누어 100칸이 만들어지면 기본 모음 '아야어여오요우유으이'10개를 무작위로 적어 활용한다. 학생의 능력에 따라 칸의 수를 줄이거나 늘릴 수 있다. 3~4단계도 1~2단계와 같은 방법으로 만든다. 3~4단계 활동지는 복잡한 모음을 모르는 학생에게 사용한다.

모음 자동화시키기 학습 놀이를 할 때는 활동지와 색연필을 준비한다. 15색 정도의 색연필이 적당하다. 교사와 학생이 같은 활동지를 한 장씩 갖고 모음을 찾을 때 큰소리로 외치면서 글자를 찾는 것이 중요하다. 만약 '야'를 찾는다면 "야~~~~, 야, 야야야…"를 반복적으로 외치면서 찾게 한다. 이때 교사는 함께 외치면서 중간중간에 '야구, 야옹이, 야옹야옹, 야광, 야수, 야후, 야자수' 등 '야'로 시작하는 단어들을 말해 주는 것이 좋다. 먼저 서로 다른 색연필을 이용해 찾을 글자를 활동지 옆에 적고, 그 글자는 [야] 소리가 난다는 것을 주지시킨다. 그리고 본격적으로 소리치며 찾는다. 모두 찾으면 그 글자가 몇 개인지 세어 본 후 맞았는지 틀렸는지 서로 비교해 보고 개수를 적도록 한다. 그리고 색연필을 서로 바꾸어 다른 글자도 같은 방법으로 찾으면 된다. 서로 경쟁하며 누가 더 빨리 찾는지, 또 누가 정확하게 찾았는지 스코어를 비교하면서 하면 모음을 아주 재미있게 익힐 수 있다.

한 가지 예를 들어 보자. 이중 모음과 복잡한 모음을 50%밖에 읽지 못해 한글 미해득으로 분류된 한 여학생이 있었다. 이 여학생에게도 모음 자동화시키기 활동지를 활용하였다. 4단계 활동지부터 시작했다. 이 여학생은 정말 신나게 학습 놀이에 참여했다.

"오늘은 선생님과 함께 글자 찾기 게임을 할 거란다. 같은 글자를 찾아 색연필로 색칠하는 거야."라고 말하고 4단계 활동지를 나눠 가졌다. 그 여학생은 호기심에 찬 눈으로 활동지를 주시했다.

"저, 색칠하는 거 좋아해요."

"이 글자를 어떻게 읽지?"

"[요]요."

"와~ '요'자를 정말 잘 읽는구나! 지금부터 '요'자가 몇 개 있는지 찾을 거야. 누가 먼저 정확하게 찾는지 내기하자. 선생님은 빨간색으로 표시할 거야. 너는 무슨 색으로 칠할 거니?"

"저는 핑크색을 좋아하니까 핑크색으로 할 거예요."

"'요'자를 여기 정사각형 옆 빈 곳에 써 보자. 모두 찾으면 개수를 세어 여기 글자 옆에 쌍점을 찍고 몇 개라고 적는 거야."

"전 벌써 썼어요."

"어이구, 어찌 그렇게 빨리 썼어? 선생님은 아직 못 썼는데, 선생님 것도 써 줄래?"

"네."

"고맙다. ○○야. 선생님 글씨도 써 줘서…."

"○○야. '요' 글자 옆에 쌍점을 찍어. 이 쌍점을 콜론이라고도 해."

○○는 콜론을 너무 크게 그렸다. 하지만 지적하지 않았다. 오히려 잘했다고 칭찬을 해 주었다.

"○○야. 선생님이 시작하면 '요~~~요. 요요요…. 소리치며 찾는 거야. 나는 큰 소리로 외치며 시작을 알렸다.

"준비-, 시~작."

"제가 먼저 찾을 거예요. 제 거 보지 마세요." 하면서 활동지를 팔로 가리고 열심히 찾는다.

"소리치며 찾아야 돼. 요~~~요. 요요요….라고 소리쳐" 다시 한번 상기시켰다. 그리고 중간중간 '요'로 시작하는 단어들을 읊어 주었다.

"요요, 요술, 요물, 요즘, 요리사, 요리조리, 요구하다."라고 했더니,

"선생님, 요구르트도 있고, 요플레도 있어요."라고 말한다.

이렇게 말을 하는 모습이 참 기특해서 미소를 지으며 말했다.

"어떻게 요구르트, 요플레가 생각났어? 선생님은 미처 생각하지 못했는데…."라고 말하자 의기양양(意氣揚揚)한 표정으로 눈웃음을 쳤다.

"벌써 다 찾았어? 몇 개지?"

"여덟 개요."

"선생님은 일곱 개인데…. 다시 확인해 보자."

"선생님, 여기에 하나 더 있잖아요."하면서 내 활동지에서 색칠하지 않은 '요'자를 손가락으로 확인시켜 주었다.

"아! 선생님이 못 찾았네."라며 아쉬운 표정을 지었다.

"1:0으로 ㅇㅇ가 승리!"라고 말하니 무척 좋아했다.

그다음으로 넘어갔다.

이 글자는 어떤 소리가 날까?"라고 말하면서 '왜' 자를 가리켰다.

ㅇㅇ는 머뭇거리면서 "몰라요"라고 말했다.

"이것은 '오'와 '애'가 합쳐진 글자라서 [ㅗ]와 [ㅐ]를 연이어 소리 내면 돼. '오~애~'를 서로 합체하면서 빠르게 읽으면 '왜'가 된단다. 따라 해 봐. 오+ㅐ~, 왜"

"오+ㅐ~, 왜"

"옳지, 잘했어. 이번에는 여기에 글자를 쓰고, 몇 개인지 찾아보자."

"시~작"

모든 글자를 찾고 나면 알록달록한 글자 바둑판이 완성된다. 마치 무지개가 뜬 것처럼 화사해서 아이들이 무척 좋아한다. 특히 여학생들이 더 좋아한다. 이와 같이 하면 아이들이 학습을 놀이로 생각하기 때문에 지루해하지 않고, 놀이에 집중하여 이중 모음을 자연스럽게 터득하게 된다. 모음을 완벽하게 읽게 되면 한글 미해득에서 한글 해득 단계로 도약하는 시간이 단축된다.

이 게임은 일대일로 하는 것이 좀 더 효과적이지만 그룹을 지어 활용해도 좋다. 이 학습 놀이는 학습적인 측면뿐 아니라 수리력, 집중력, 미적 감각까지 향상시킬 수 있어 일석이조(一石二鳥), 아니 일석삼조(?)의 효과를 얻을 수 있다.

글자를 찾을 때 '야~~~~, 야, 야야야…'와 같이 반복적으로 외치면서 찾으면 학생들에게 흥미를 주고, 내용이 장기 기억으로 넘어가는 데도 효과가 있다. 이렇게 지도하여 이중 모음을 단기간에 익히게 할 수 있었다. 이 활동지를 2~3번만 반복적으로 사용하면 대부분의 학생들은 모음을 완벽하게 읽을 수 있게 된다. 이 활동지만으로 변화가 생길지 의심스럽겠지만 한번 사용해 보기 바란다. 놀라운 변화가 나타날 것이다.

'천천히 배우는 학생들'이 모음을 완벽하게 읽을 수 있게 되니 자음과의 합성을 더 쉽게 이해할 수 있게 되고, 글자도 읽을 수 있게 되었다. "글을 잘 읽지 못하던 아이가 잘 읽게 되는 것은 그 아이의 인생이 변한 것이다."라는 배움찬찬이연구회 대표의 말처럼 나의 학습 코칭(한글문해교육)이 난독증 학생들에게 인생을 바꿀 수 있는 계기를 마련해 주었다고 자부한다.

학생들에게 희망을

가난한 가정에 가장 필요한 것이 생계 지원이라면 교육 격차가 심화된 요즘 '천천히 배우는 학생들'에게 가장 필요한 것은 '한글문해교육'이다. 특히, 난독증 학생들에게는 발음 중심 교육이 더욱 효과적이고, 자모를 가르칠 때는 모음부터 가르치는 것이 중요하며, 이중 모음과 복잡한 모음, 대표 받침을 읽는 것에 중점을 두어 가르쳐야 한글 미해득 수준에서 한글 해득 수준에 빨리 도달할 수 있게 된다.
'천천히 배우는 학생들'이 한글의 음가를 익혀 한글 해득 완성 단계에 도달하면, 스스로 글을 읽게 되어 학교 수업에 적극적으로 참여하고, '나도 할 수 있다'라는 자신감을 가지게 되어 꿈이 바뀌기도 한다.

2020년 학기 초, 학습클리닉을 시작할 때였다. 다음은 한글 미해득인 초등 2학년 여학생과 나눈 대화이다.

"너는 커서 뭐가 되고 싶으니?"
"음~, …, 저는 가수가 될 거예요."
"왜, 가수가 되고 싶어?"
"노래는 글자를 몰라도 할 수 있잖아요."

이 말을 듣자 좀 우습기도 하고, 귀엽기도 하고, 당황스럽기도 했다. 그러나 10개월이 지나 학기 말이 되어 한글 해득 단계까지 도달하게 되자 "선생님, 저 커서 초등학교 선생님이 될 거예요."라고 말하는 것이 아닌가!

환하게 웃던 그 학생의 얼굴이 잊혀지지 않는다.

같지만 같지 않은
– 갈 길이 먼 그대에게

한희정
(평창교육지원청 학습클리닉전문가)

=

공문을 작성한다. 작성자란에 '학습클리닉전문가 한희정'이라는 문구가 보인다. 학습클리닉전문가라…. 이처럼 부담스러운 직함이 있을까? 경력이 길지 않은 내게 '학습클리닉전문가'라는 말은 너무 부담스러워 "학습클리닉전문가 한희정입니다"라고 소개하지 않는다. 만약 소개를 해야 하는 자리라면 "학습클리닉 업무를 담당하고 있는 한희정입니다."라고 소개한다. 그만큼 학습클리닉전문가는 부담스럽고 끝없이 공부해야만 하는 자리이다. 물론 모든 일이 다 그렇겠지만! 이러한 마음가짐을 가지지 않으면 한순간도 버틸 수 없다. 그래서 늘 힘들고, 힘들었다.

'이런! 내가 내 무덤을 팠군.'

교사와 학습클리닉전문가

나는 학습클리닉전문가라는 직함을 달기 전까지 기간제 교사로 일했다. 그렇기 때문에 학습클리닉 업무 역시 크게 다르지 않을 것이라 생각했다. 학생들을 위해 고민하고, 노력하는 일은 동일하다고 생각했고, 학생들을 가르치는 일이므로 그동안 해 왔듯이 성실히 지도하면 될 것이라 생각했다. 나의 생각이 얼마나 안일했는지 깨닫는 데는 일주일도 채 걸리지 않았다. 이 일을 시작한 것을 뼈저리게 후회했다. 2

년 차가 되자 그동안 참아왔던 눈물이 터져 나왔다. '천천히 배우는 아이들'에겐 너무나 필요한 사업이고, 내가 바쁜 만큼 아이들에게 도움을 줄 수 있다는 것은 알고 있었지만, 야근이 계속 이어지면서 심신이 지쳐갔다. 환기가 필요했다. 내가 힘들어하고 있는 요인들 중 하나인 학교 현장이 어떠했는지 기억을 더듬어 봤다. 그때 나는 어떤 교사였을까? 내가 기억하고 있는 학교 현장은 늘 정신없이 바빴고, 언제 무슨 일이 발생할지 모르는 곳이었다. 학생들은 에너지가 넘쳤고, 나는 그 에너지가 넘치는 학생들과 호흡을 맞추기 위해 늘 달려야만 했다. 그럼에도 불구하고 뒤처질 때도 있었고, 뒤처졌다고 생각했는데 결과가 좋을 때도 있었다. 힘들었지만, 힘든 기억보다 즐거웠던 기억이 더 많았던 것 같다. 학습클리닉 업무를 담당한 후 그 당시에는 막연하게 느껴졌던 것들이 '이러한 문제가 있어서 그랬구나.' 하고 깨닫게 되는 것들도 있다.

10년도 더 된 일이다. 나른한 오후 수업 시간이었다. 학생들이 하나, 둘씩 졸기 시작하는 시간···. 졸음도 물리칠 겸 지문을 읽도록 시켰다. 여학생이었는데, 글을 더듬더듬 읽기 시작했다.

'저 친구가 글을 잘 못 읽나?'

수줍음이 많은 학생이라 긴장해서 그럴지도 모른다는 생각에 좀 더 읽게 해 봤다. 결과는 마찬가지였다.

'중학생인데 아직 한글을 모른다고?'

내가 티를 내면 학생이 당황할 수도 있어서 자연스럽게 한 문단씩 읽고, 학생별로 돌아가며 읽도록 했다. 중학생이 한글을 모른다는 것에 대해서 당시 난 정말로 좀 놀랐었다. 얼마나 무지한 교사였던가! 그 후로 내가 그 학생을 따로 지도했던 적은 없다. 여러 명이 함께하는 보충 수업은 진행했지만, 그 학생에게 맞는 한글 수업을 하지는 않았다.

그로부터 몇 년이 더 흘러 남학교에서도 이와 비슷한 일을 겪었다. 에너지가 넘치다 못해 폭발하는 남학생들! 내가 맡은 반은 수업 시간에도 유독 활기가 넘쳤다. 수업을 하던 중 지문을 읽어야 할 일이 있었는데 평소 굉장히 활발한 학생이 읽게 되었다. 그때 그 학생 주변에 있던 아이들이 조심스럽게 그 학생을 쳐다보는 묘한 기류가 느껴졌다. 그 남학생은 일어나 지문을 능청스럽게 읽기 시작했다. 마치 연극을 하듯이 말이다. 그때 나는 '아! 이 친구가 한글을 잘 읽지 못하는구나! 그것을 감추기 위해 이렇게 읽고 있구나!' 생각했다.

나는 그 학생이 눈치채지 못하도록 최대한 자연스럽게 넘어갔다. 전혀 예상하지 못했던 학생이었다. 워낙 활발한 친구였고, 나와 평소 쉬는 시간에 대화도 많이 하던 친구라 한글을 읽지 못할 것이라고는 전혀 생각하지 못했다. 하지만 그 친구를 따로 불러 한글 지도를 했던 적은 없다. 그 친구는 지금 어떻게 지내고 있을까?

지금 돌이켜 생각해 보면 그 여학생은 한글 미해득으로, 경계선 이하의 지능이었을 가능성이 높다. 한글을 잘 읽지 못한다는 사실을 안 이후 수업 시간마다 그 학생을 유심히 살펴본 적이 있는데, 친구들과의 대화에 어려움을 겪고 있었고, 행동 역시 상황에 맞지 않는 경우가 많았다. 학업 성적은 전체적으로 기초학력 미달에 해당했다. 낮은 지능과 한글을 읽지 못하는 것이 다른 과목에 영향을 미친 것이다. 그때 그 여학생을 따로 불러 한글 지도를 해 줬더라면 하는 후회가 남는다. 당시에는 그런 생각을 하지 못했다. 우리 반 학생이 아닌데다 기간제 교사인 내가, 다른 교사도 하지 않는 일을 한다는 것은 조심스러웠기 때문이다.

또한 남학생은 난독이었을 가능성이 높다. 친구들 사이에서 인기도 많고, 분위기를 주도하는 학생이었고, 교과 성적도 나쁘지 않았다. 다만 글 읽기가 잘되지 않았다. 정상 지능을 가지고 있고, 내용도 이해할 수 있지만, 해독이 되지 않는 '난독'이라는 단어가 그 당시엔 낯설었고, 내 주변에 있을 것이라는 생각을 하지 못했던 것 같다. '조금이라도 더 알고 있었더라면 그 학생에게 도움을 줄 수 있었을 텐데…' 하는 아쉬움이 남는다.

그때나 지금이나 교실에는 많은 학생이 있고, 평균에 맞춰 수업을 진행할 수밖에 없다. 일대일 수업은 불가능하고, 보충 학습을 한다고 해도 여러 명을 함께 지도하는 형태로 이루어질 수밖에 없다. '천천히 배우는 아이들' 한 명 한 명에게 맞는 일대일 맞춤 수업을 진행한다는 것은 현실적으로 한계가 있다. 그러다보니 '천천히 배우는 아이들'은 점점 더 천천히 평균에서 멀어지고, 실패가 누적되면서 자존감이 낮아진다. 이로 인해 학생들은 포기라는 단어를 떠올리기 시작한다. 이 현실적인 한계를 극복하기 위해서는 주변의 도움이 필요하다.

천천히 배우는 아이들에게 도움을 주는 학습클리닉센터의 존재를 알게 된 것은 학습클리닉센터의 초창기였다. 지인이 학습클리닉센터 초창기 멤버였고, 그 분을 통해 학습클리닉센터에 대해 조금은 알고 있었다. 나는 여전히 학교 현장에 있었고, 시간이 흘러 내가 담임을 맡고 있는 반 학생에게 학습클리닉센터의 도움이 필요할 것 같다는 생각이 들었다. 학습 내용을 이해하는 속도가 다른 학생에 비해 현저히 느렸고, 스스로 판단해 행동하는 것에 많은 어려움을 느끼고 있었다. 가정환경을 종합해 볼 때 전문적 상담을 받아볼 필요를 느꼈고 학습클리닉센터에 의뢰하여 도움을 받았다.

나는 이미 지인을 통해 학습클리닉센터에 대해 알고 있었기 때문에 우리 반 아이가 도움을 받을 수 있도록 할 수 있었지만, 만약 모르고 있었다면 이러한 도움을 받을 수 없었을 것이다. 내가 우리 반 학생을 학습클리닉센터에 의뢰할 당시 학교 현장의 선생님들 중 대부분은 학습클리닉센터의 존재를 모르고 있었다. 결국 내가 학습클리닉센테에 대해 알려드려 그 학생의 지도를 의뢰를 할 수 있었다. 담당 교사가 담임 교사에게 학습클리닉센터에 대해 안내하고, 도움이 필요한 학생이 신청할 수 있도록 했어야 했지만, 그렇지 못했다. 관심을 가지고 알아보지 않는 이상, 업무 담당자가 알려 주지 않으면 학생들이 도움을 받을 수 있는 기회가 줄어들 수밖에 없는 현실이 안타까울 뿐이다. 업무가 다소 늘어나겠지만, 학생들을 위해 좀 더 노력해야 하지 않을까? 이는 모든 학교 현장의 교사들뿐만 아니라 나에게도 해당하는 말일 것이다.

한 해 사업을 마무리하는 시기는 어느 부서든 정신이 없다. 작년 학기 말, 나 역시 그랬다. 순회 수업과 진단 검사가 맞물려 종일 출장이 3주째 이어지고 있던 때였다. 종일 출장이었기 때문에 교육청으로 복귀하여 야근을 해야만 행정 업무를 처리할 수 있었다. 그날도 지친 상태로 복귀하여 컴퓨터 로그인을 했는데 메신저에 쪽지가 여러 개 도착해 있었다. 그중 도교육청 담당자로부터 온 쪽지가 가장 먼저 눈에 띄었다. 그 담당자에게는 미안한 말이지만 도교육청에서 온 쪽지는 열기가 두렵다. 쪽지를 열기 전 늘 심호흡을 한다. 제발, 간단한 내용이길 바라며…. 그러나 그날도 나의 기대는 빗나갔다. 많은 시간을 들여 작성한 후에 제출해야 하는 첨부 파일이 들어 있었다. 순간 눈물이 났다. 다행히 파티션이 높아 아무도 본 사람은 없었다. 나는 급히 화장실로 향했다. 마음을 추스른 후 밖으로 나왔다. 지금 생각하면 왜 그랬는지 모르겠지만, 쪽지를 보낸 도교육청 담당자에게 전화를 걸었다.

"선생님…"

그런 다음 아무 말도 하지 못했다. 다시 눈물이 핑 돌았다. 잠시 동안의 침묵이 흐른 후 담당자는 전화를 끊고 밖으로 나와 다시 내게 전화를 걸었다.

"무슨 일 있으세요?"

"일이 너무 많아요."

얼마나 코미디인가? 지금 생각하면 참 창피한 일이다. 그런데 그땐 정말 나도 모르게 눈물이 나왔다. 학습클리닉전문가들의 상황을 가장 잘 알고 있는 업무 담당자에게 하소연이라도 하고 싶었던 것인지, '이렇게 일이 많은 줄 알면서 또 무엇을 제출하라고 하는 것이냐?'라며 항의가 하고 싶었던 것인지 모르겠다. 하지만 그 담당자 역시 나와 똑같은 처지인데 무슨 항의를 할 수 있었으랴! 그냥, 이 길을 나보다 먼저 걸어온 선배 담당자의 위로가 필요했으리라. 그 담당자는 힘들어하는 나에게 "지금이 슬럼프가 올 시기예요. 다들 그러셨어요. 이 과정을 거쳐 단단해진 분도 계시고, 진행형인 분도 계세요. 지금 잘하고 계세요."

라는 말을 해 주셨다. 대화를 이어 갈수록 마음이 진정되고, 부끄러움이 몰려와 급히 전화를 끊었다. 다시 생각해 봐도 너무 부끄러운 일이지만, 그날은 정말 힘들어서 그랬을 것이라고 위안을 삼아 보려고 한다.

학습클리닉 업무는 그때나 지금이나 많다. 오히려 기초학력에 대한 중요성이 증대되면서 더욱 많아지고 있다. 몸은 하나인데 일이 늘다 보니 손에 익은 일이 있다고 해서 일이 빨리 끝나지는 않는다. 학교에 있을 때는 비록 수업은 많지만, 행정 업무는 상대적으로 많지 않았다. 그런데 학습클리닉 업무는 수업도 많고, 행정 업무도 많다. 심지어 사업 계획을 수립하고 실행해야 한다. 이렇게 일이 많은데 왜 담당자가 한 명뿐인지 묻고 싶다.

학습클리닉 순회 수업은 학교로 찾아가 '천천히 배우는 아이들'을 대상으로 일대일 수업을 진행한다. 일대일 수업이니 수월하겠다고 생각한다면 그것은 큰 오산이다. '천천히 배우는 아이들'의 범위가 너무 넓고 그 증상 또한 너무나 다양하다. 특히, 조금 더 정도가 심각한 학생들의 수업은 내가 진행해야 하다 보니, 수업을 끝내고 나면 기운이 없어진다.
한 학교에서 수업이 끝나면 그나마 다행이다. 다른 학교로 또 이동해 수업을 진행해야 하는데, 내가 속한 평창 지역은 이동 거리가 너무 멀다. 학습클리닉전문가들은 안부를 전하고 끝인사를 할 때 안전 운전하시라고 말한다. 직업을 드라이버라고 적어야 할 것 같다는 농담을 주고받을 만큼 이동량이 많다. 장시간 운전해 학교에 갔더라도 학생이 힘들어하거나 컨디션이 좋지 않은 날은 그냥 돌아와야만 하는 경우도 있다. 아이가 힘들어 하는 이유가 무엇인지도 모르고 돌아올 때의 발걸음은 무겁기만 하다. 이럴 때는 음악을 크게 틀어 놓고 따라 부르는 수밖에 없다.

나와 함께 수업을 하는 학생의 어려움은 때론 도전이 되곤 한다. 수업이 미흡한 부분은 없는지, 학생의 상황을 잘 모르고 있는 부분은 없는지 되돌아 본 후 다시 한번 그 학생을 만나려고 노력한다. 간혹 담당 교사와 소통이 부족할 때는 여러 어려움이 따르곤 한다. 이때는 정말 마음이 무겁다. 학생에게 맞는 지원을 제공하기 위해서는 학교 담당 교사, 학부모, 학습클리닉센터의 협업이 잘 이루어져야만 한다. 그렇기 때문에 최대한 학교와 소통을 많이 하려 하고, 학교의 의견에 귀를 기울이려고 노력한다. 감사하게도 대부분의 담당 교사들은 학생을 위해 함께 고민하고, 협조해 주신다.

특별히 기억에 남는 선생님도 있다. 이 분은 평소 나와 함께 학생들에게 맞춤형 지원을 할 수 있는 방안을 함께 논의하고, 행정적인 일도 빠르고 정확하게 처리해 주시던 선생님이셨다.

학생 진단 검사를 실시하기 위해 방문했던 겨울의 어느 날, 선생님의 배려에 무척 감동했던 기억이 난다. 교실을 미리 따뜻하게 해 주고, 각 담당 교사에게 그 반 학생이 몇 시에 어디로 와야 하는지 알려 주고, 중간중간 검사가 어떻게 진행되고 있는지 체크해 주셨다. 업무가 바쁘다 보니 외부에서 수업하러 오는 강사들에게 신경을 못 쓰는 경우가 많은

데, 세심하게 배려를 해 주는 선생님을 만나면 감사하고, 더 열심히 해야겠다는 마음이 들곤 한다.

하루는 한 학생에 대해 상담하던 날이었다. 학습클리닉센터에서 할 수 있는 모든 노력을 기울였지만, 학부모님께서 사회적 시선 때문에 지원을 원하지 않으셨다. 부모님의 의견은 존중하지만 안타까운 마음이 들었다. '의욕만 앞서 좀 더 세심하게 다가가지 못한 것은 아닐까?' 하는 생각도 들었다. 그때 선생님께서는 오히려 나에게 늘 애써 주셔서 감사하다고 말씀해 주셨다. 그 한마디가 내겐 큰 힘이 되었다.

교사와 학습클리닉전문가의 하는 일은 각자 다르지만, 학생들을 위해 고민하고, 학생을 더 나은 방향으로 이끌기 위해 노력하는 마음만은 똑같다. 이러한 노력들이 학생들의 마음에도 전달되기를 바란다.

'천천히 배우는 아이'와 학습클리닉전문가

'천천히 배우는 아이들'은 어느 노랫말처럼 '가까이 하기엔 너무 먼 당신'이다. '나는 네 편'이라는 것을 온몸으로 보여 주려고 노력하고 있지만, 아이들은 이 모든 것을 강하게 거부한다.

이러한 아이들의 마음을 얻기 위해 때론 비굴해지기도 하고, 때론 무서운 사람이 되기도 하고, 때론 또래 친구가 되기도 한다. 실패할 때가 더 많긴 하지만, 그 많은 노력들 중 하나가 통해 아이들이 즐거워하고 좀 더 발전할 수 있다면 그것만큼 감사한 일도 없을 것이다.

'천천히 배우는 아이들'의 배움의 길과 학습클리닉전문가의 가르침의 길은 참으로 멀고, 많은 인내가 필요하다는 공통점을 가지고 있다. 이러한 노력의 다리가 이어질 때 우리는 서로 성장한다.

약 2년 전 봄, 한글 미해득으로 학습에 어려움을 겪고 있는 학생이 있다는 담임 선생님의 의뢰로 초등학교 4학년인 맑음이(가명)를 처음 만났다. 맑음이는 담임 선생님의 안내에 따라 교실로 들어섰다. 가장 먼저 무슨 일로 왔는지를 물어봤지만, 맑음이는 아무런 말도 하지 않았다. 맑음이의 긴장을 풀어 주기 위해 일상적인 대화를 건넸다. 하지만 맑음이는 더 긴장하는 것 같았다.

자신의 일상을 이야기하는 것보다 검사를 하는 것이 더 나아 보였기 때문에 바로 검사를 시작했다. 맑음이는 모음 'ㅏ'와 'ㅓ'를 구분하지 못하는 아이였다. 그동안 수업은 어떻게 들었던 것일까? 내용을 이해하지 못한 채 수업 시간 내내 자리에 앉아 있기가 얼마나 힘들었을까?

맑음이가 학급 인원이 많아 담임 선생님의 손길이 다 미치지 못하는 대도시에서 한 학급 인원이 5명 안팎인 시골 학교로 전학 온 것이 천만다행이었다. 코로나19 상황 속에서도 등교 수업이 가능한 상황이었고, 담임 선생님의 관심으로 학습클리닉센터에 의뢰되어 지원받을 수 있게 되었다. 종합 검사 결과, 맑음이는 경계선 지능으로, 모음 'ㅏ'부터 지도해야 했고 ADHD 지수가 높았다. 또한 심리적으로 불안해 상담이 필요한 상황이었다. 다시 말해 총체적 지원이 필요한 상황이었던 것이다.

본 수업을 전혀 이해하지 못하는 상황에서 교실에 있는 것보다는 학습 클리닉 수업을 듣는 것이 더 나을 것으로 판단하여 학부모, 담임 선생님, 학교장의 동의를 거쳐 집중력이 더 높은 오전 시간에 수업을 편성하여 진행했다. 배움의 속도가 또래들보다 느리다는 것을 알고 있었지만, 반복적으로 수업한 내용을 다시 정리할 때 전혀 기억하지 못하는 순간을 매번 마주할 때마다 다시 한번 마음을 다잡게 되는 일상의 연속이었다. 그러던 어느 날 맑음이가 유독 자주 틀리던 'ㅏ'와 'ㅓ'를 구분하기 시작했고, 본인 스스로도 재미를 느끼기 시작했다. 대부분의 아이가 수업 시간 중 온전히 수업에 집중하는 시간은 그리 길지 않은데, 맑음이는 ADHD 지수가 높게 나온 학생인데도 수업 시간 내내 집중해서 잘 따라왔다. 맑음이가 글씨를 예쁘게 잘 쓰는 편이어서 칭찬을 많이 해 줬더니 복습용 쓰기 숙제도 내 준 분량보다 더 많이 색상별로 써 오기도 했다. 어쩌다 숙제를 늦게 확인하는 날은 숙제해 왔다며 먼저 자랑하기도 했다. 맑음이를 더 열심히 지도할 수밖에 없었던 이유는 맑음이의 간절함을 보았기 때문이다. 글자를 알게 되면서 새로운 세상이 열리고 있음을 맑음이도 알고 있었다. 최대한 맑음이의 기초학력을 끌어올려 중학교에 진학시키겠다고 다짐했다. 방학 동안의 공백을 우려해 수업을 진행하고자 했지만, 학교에 나올 수 없는 상황이었기 때문에 수업을 온라인으로 진행했다. 맑음이는 고맙게도 나를 잘 따라와 주었다. 업무 때문에 수업 시간을 변경해야 했던 날에는 "선생님과의 수업 시간을 기다렸다."라고 말해 주기도 했다. 동기부여의 힘이 얼마나 큰지 다시 한번 깨닫게 되는 순간이었다. 12월이 되어 사후 평가를 진행했고, 맑음이는 한글 해득에 도달했다.

'잘했어! 맑음아! 이제, 유창하게 읽어 보자!'

다음 해 1년은 읽기 유창성 지도에 힘썼고, 수학 지도도 2년 동안 병행했다. 읽기 유창성 지도를 하면서 어휘 부분도 함께 지도했는데, 어휘는 더 많은 노력과 시간이 필요했다. 가정과 학교에서 스스로 공부할 수 있는 방법 등을 수시로 알려 주었다. 수학은 뺄셈의 오류부터 시작했다. 구구단을 익히기까지는 꽤 오랜 시간이 걸렸다. 한편 도형은 맑음이에게 너무나 낯선 세계였다. 설명해 줄 때는 이해한 듯하다가도 다음 시간에는 전혀 모르는 것 같았다. 하지만 맑음이가 성장하고 있다는 사실만은 분명해 보였다. 작년에는 진단보정시스템을 적극 활용하여 부족한 부분을 집중 지도했고, 5학년 1학기 과정까지 수업을 진행할 수 있었다. 아직까지는 각 과정만을 따로 이해하고 있고, 이를 활용해 종합적으로 푸는 방법은 여전히 서툴고 많은 노력이 필요하지만, 문제를 자연스럽게 읽을 수 있게 되었고, 풀 수 있는 문제도 많아졌다. "이 정도는 풀 수 있죠." 하며 너스레까지 떨 줄 아는 맑음이를 보면, 내 자식을 보는 것마냥 마음이 뿌듯하다.

맑음이를 보면 학습클리닉센터의 역할이 얼마나 중요한지를 새삼 깨닫게 된다. 한 교실에서 많은 학생을 지도하는 교사들이 학습적·비학습적 요인으로 인해 수업에 참여하기 어려운 학생들까지 지도하기에는 많은 어려움이 따른다. 학습클리닉센터의 목적은 이러한 학생들이 교실 수업을 제대로 받을 수 있도록 하는 데 있다. 맑음이는 교실 수업을 제대로 받기 어려운 요인을 모두 가지고 있는 학생이었으므로 순회 교육을 통해 학습적인 부분에 도움을 주었고, 심리 상담·인지 치료 부분도 도움을 주었다. 올해는 기초학습지원단이 맑음이를 맡아 지도하고 있다. 학습적인 부분은 많이 끌어올렸지만, 돌봄 취약으로 마음의 상처가 있고, 마음을 표현하는 방법을 모르는 맑음이를 위해 올해도 심리 상담 지원을 병행하고 있다.

"맑음아! 너의 미래가 늘 맑고, 안녕하기를 바란다."

맑음이와 같은 아이가 있는 반면 나를 시험에 들게 하는 아이도 있다. 내게 겸손과 인내가 뭔지를 배우라고 신께서 보내신 선물 같다.

"축제(가명)야! 잘 부탁해!"

축제를 처음 만나러 가기 전부터 축제의 명성(?)을 들었기 때문에 많이 어려운 아이라는 것쯤은 이미 알고 있었다. 진심은 통하는 법이니 이제까지 그래 왔듯이 축제도 잘 지도할 수 있으리라 생각했다. 검사 결과, 특수 지능이 나왔지만 부모님께서 동의하지 않으셔서 특수 교육 대상자 신청을 하지 않았고, 학습클리닉 지원을 받게 되었다. 읽는 것이 무척 부진했고, 수학 역시 학습 지체에 해당했다. 한글 문해 수업과 기초 수학 수업을 주 2회씩 지도하기 시작했다. 두 달은 잘 따라왔다. 나는 자신감이 생겼다. 적어도 올해의 수업을 시작하기 전까지는! 겨울 방학 동안 축제에게 많은 변화가 있을 것이라는 것을 예상하지 못했기 때문인지 개학과 동시에 깊은 수렁으로 빠져들었다. 축제는 조금씩 수업을 거부하기 시작했다. 수업 시간을 빌미로 나와 협상을 하기 시작했고, 공부하기 싫은 날은 모든 문제에 오답을 적어 제출했다. 잘못을 지적하는 나에게는 입을 닫아 버렸다. 강약 조절이 절실히 필요한 순간이었다. 속이 타들어갔다. 다른 방법을 찾아야만 했다. 축제는 집중하는 시간이 매우 짧고, 하고 싶은 것만 하려 하는 아이였기 때문에 무조건 재미있게 수업해야만 한다는 생각이 나를 사로잡았다. 한글 문해 수업을 진행할 때는 성우처럼 목소리 톤을 달리하여 읽었다. 이런 날은 축제가 수업에 잘 집중했기 때문이다.

축제의 상상 속 인물과 대화를 주고받기도 했고, 소프라노의 음역대로 즐거움을 표현하는 축제를 보면서 '그래, 그렇게 해서 스트레스가 풀리고 공부에 조금이라도 집중할 수 있다면 그걸로 되었다!'라는 생각으로 수업을 이어나갔다. 담임 선생님은 축제의 상황을 다 알고 있었기 때문에 많이 협조해 주셨다. 다음 시간에도 이와 똑같은 방법으로 수업을 진행하면, 축제는 시선을 다른 곳으로 돌려 버렸다. 서로 단어를 바꿔가면서 빨리 읽기 내기를 하면 승부욕이 발동하여 조금이라도 더 읽으려고 노력했지만, 그리 오래가지는 않았다.

어느 날은 축제와 함께 '알고 있는 단어로 바꿔 보기 놀이'를 시작했다. 축제는 이 놀이를 매우 좋아했기 때문에 그나마 오래 집중할 수 있었다. 그 덕분에 무의미한 단어 읽기 연습과 의미 있는 단어에 대한 학습을 동시에 진행할 수 있었다. 그러나, 이마저도 아주 오래가지는 못했다. 특히 축제는 수학을 매우 싫어했다. 어떤 날에는 수업 내용이 들어간 놀이 학습에 반응하다가 어떤 날은 수업 자체를 거부하기도 했다. 그런 날은 같이 놀이터에 나갔다가 다시 들어오기도 했다.

하루는 수업 시작 전에 축제가 사라지는 일이 발생했다. 처음 있는 일이었다. 나는 그날의 충격을 잊을 수가 없다. 하루 종일 수업을 들었는데 방과후에도 남아 수업을 하라고 하니 싫을 수밖에…. 그 마음을 이해는 하지만, 그렇다고 도망을 가다니! 처음에는 '나에 대한 거부' 내지 '내 수업에 대한 거부'로 받아들였다. 담임 선생님과 축제를 찾기 위해 온 학교를 뒤졌다. 결국 놀이터 뒤쪽에서 모래놀이를 하고 있는 축제를 발견하여 손을 잡고 교실로 들어갔다.

"공부하기 싫어요! 재미없어요!"

너무나 솔직한 축제에게 어떤 말을 할 수 있었으랴! 너의 마음을 이해한다는 말과 함께 왜 수업을 해야 하는지를 설명했다. 나의 말이 축제의 귀에 들어갈 리 없었다. 최대한 쉬운 언어로 짧고 굵게 얘기해야 하는데 잔소리가 길어졌으니…. 결국 그날은 최소한의 수업밖에 진행하지 못했다. 수업을 준비해서 간다 한들 학생이 수업에 들어오지 않으면 아무런 소용이 없다. 고민이 깊어졌다. 우선 축제의 의견을 들어 보기로 했다.

"너의 의견을 존중해서 최대한 너에게 도움이 되는 쪽으로 진행할 거야. 선생님은 네 편이야!"

"수업 안 할래요."

협상이 다시 시작되었다. 축제에게는 '너의 의견을 계속 듣고 있다.'라는 믿음이 절대적으로 필요했다. 처음에는 하루 종일 수업으로 지쳐 있는 축제와 함께 놀이터에서 잠깐 놀고 들어와 수업을 시작해 보기도 했고, 컨디션이 좋은 날은 수업을 먼저 집중해서 진행하고, 후반부에 놀이터에서 맘껏 뛰놀게 하기도 했다. 본 수업 전에 게임을 가장한 수 개념 교구를 가져가 잠시 동안 진행하기도 하고, 수 모형을 활용해 보드 게임을 진행하기도 했다. 최대한 수업 내용이 반영되도록 놀이 수업을 진행했다. 하지만 축제는 똑같은 수업 방식에 흥미를 느끼지 못했다. 마냥 놀고만 싶다고 했다. 어떤 규칙도 지키려고 하지 않았다. 정도를 많이 벗어나는 날이나, 기본 예의를 지키지 않는 날은 따끔하게 훈계하기도 했지만, 그때만 잠깐 조용해질 뿐 축제는 마음을 더 굳게 닫아버렸다. 너무 힘들었고, 수업에 대한 자신감은 바닥을 치고 있었다. 담임 선생님과 수없이 소통하고, 협업을 진행해도 축제는 점점 더 수업으로부터 도망치고 있었다. 초반보다 조금 나아졌지만, 이러한 상황은 아직 변함이 없다. 축제와 수업을 하러 가는 날에는 '즐겁게 수업을 만들어 보자! 알찬 수업을 만들어 보자! 포기하지 말자! 더 나은 방법을 찾아보자!' 라고 다짐한다.

'축제와 나의 목표는 같은데, 우리는 왜 이리도 거리가 먼 것일까?'라고 생각하는 나에게 "그건 선생님의 착각이에요! 난 아무것도 배우고 싶지 않아요!"라고 말하는 것만 같다. 끊임없이 더 고민하고, 공부하라고 신께서 보내신 선물이 분명하다. 그 선물을 거부하지 말고, 감사히 받아야 할 텐데….

오늘은 일주일 만에 만나서였을까? 바꾼 교재가 마음에 들어서였을까? 그 어느 때보다도 열심히 수업에 참여하는 축제를 보면서 다시 힘을 내어 보자 다짐한다. 축제도 나도, 갈 길이 너무나 멀다. 나에게는 축제를 있는 그대로 받아들이고, 인정해야 할 부분은 인정하고 욕심을 내려놓을 줄 아는 용기, 더 나은 방법을 찾아볼 수 있는 유연함, 나의 진심이 언젠가는 아이에게 전달될 것이라는 믿음, 인내와 긴 기다림이 필요하다. 내년에는 나와 축제가 어떠한 모습으로 마주하고 있을까? 서로 지치지 않기를 바란다.

모든 학생이 긍정적인 방향으로 성장하도록 노력한다는 것은 모두 같지만, 각자의 입장과 상황은 다르다. 에너지가 넘치고 변수가 많은 학생이 가득한 학교, 그 안에서 수업과 행정 업무, 학생 지도를 함께 수행해야 하는 교사, 내 아이를 어떻게 키워야 할지 고민하고 있는 학부모, 그리고 이러한 구성원 사이에서 더 어려움을 겪고 있는 천천히 배우는 아이들! 그 아이들과 함께 하고 있는 학습클리닉전문가…. 각자 바쁜 삶을 살아가고 있지만, 이 모두의 협업 없이 한 학생을 성장시킨다는 것은 매우 힘든 일이다. 따라서 서로 끊임없이 대화하고, 협업하여 도움이 필요한 학생을 적기에 지원할 수 있도록 늘 깨어 있어야 한다. 시대가 아무리 발전한다고 해도 공교육이 필요한 학생은 늘 존재하기 때문이다. 그렇기 때문에 늘 어깨가 무겁다. 학습종합클리닉센터의 앞으로의 10년도 기대하며, 우리 아이들의 미래가 늘 밝고, 안녕하기를 바란다.

II

'천천히 배우는 아이들'의 이야기

선생님,
공부를 가르쳐 주셔서 감사합니다!

최애라
(양구교육지원청 학습클리닉전문가)

첫 만남

4월의 어느 날, 학교에 출장을 나갔다가 돌아오는 길에 우연히 중학생이 된 우주를 만났다. 집이 학교와 가까운 거리에 있어서 걸어서 하교하는 길이었다. 차를 세우고 우주를 불렀더니 반갑게 뛰어와 인사를 했다.

"선생님, 안녕하세요?"

"그래. 우주야, 중학교 생활은 어떠니, 지낼 만 하니?"

"네, 괜찮아요."

학교생활에는 잘 적응하고 있는지, 수업 내용은 어렵지 않은지, 친구들은 몇 명이나 있는지 등 궁금한 것들을 이것저것 물어보았다. 우주는 수학이 조금 어렵기는 하지만 아직까지는 괜찮다고 했다. 학교생활은 총 네 명의 학생 중 우주 혼자 남학생이기는 하지만, 잘 지내고 있다고 했다. 작은 학교여서 1학년 학생이 모두 네 명밖에 되지 않았다. 앞으로 도움이 필요하면 언제든지 연락하고, 학교생활 즐겁게 하라고 격려하면서 아쉬운 이별을 했다.

우주는 현재 중학교 1학년이다. 우리의 첫 만남은 6년 전인 2016년으로 거슬러 올라간다. 사실 우주가 어땠는지 기억이 가물가물 할 정도로 많은 시간이 흘렀다. 학습종합클리닉센터가 생긴 지 올해가 만 10년인데 우주와 함께 한 시간이 6년이니 우주와 나는 함께 성장한 셈이다.

2016년 3월에는 취학 대상 학생이 입학하지 않은 경우 추적 조사를 실시했다. 뉴스에서 취학 대상 학생 살해 사건이 발생한 때라 그 어느 때보다 취학 대상 학생들에 대한 관심이 큰 해였다. 마침 우주도 베트남에 있어서 제때에 입학하지 못한 상태였다. 취학 대상 학생인 우주가 입학을 하지 않자 학교에서 집에 연락을 했다. 우주 아버지께서는 "우리 우주 좀 찾아주세요."라며 애타게 말씀하셨다고 한다. 사실 우주 아버지는 보통의 어른들보다 인지 능력이 조금 부족한 분이어서 소통에 어려움이 있었다. 우주는 베트남 엄마와 한국인 아빠 사이에 태어난 아이로, 아빠는 연세가 많으셨고 엄마는 매우 젊었다. 정확하게 모르겠지만 우주는 2015년 8월에 베트남으로 건너가 외할머니 댁에서 살고 있었다. 그곳에서 계속 살 수도 있었는데 다시 한국으로 돌아와 2016년 3월 29일부터 학교에 다니기 시작하였다. 대략 8개월 정도 베트남에 있는 외할머니 댁에서 생활한 셈이다. 상황이 이렇다 보니 우주는 한국말을 많이 잊어버려 우리말이 서툰 상태였고, 상대적으로 베트남어는 자유롭게 구사할 수 있었다. 학교에서는 입학과 동시에 학습종합클리닉센터에 도움을 요청했으며 담당 장학사도 우주를 전폭적으로 지원해 주라고 했다.

우주와의 첫 만남은 4월 19일이나 되어서야 이루어졌다. 우주는 낯을 가리지 않았기 때문에 관계를 형성하는 데는 어려움이 없었다. 다른 학생들에 비해 피부가 까무잡잡해서 이국적으로 보였으며 조음에 어려움을 보여 정확하게 발음하지 못했다. 우주는 우리말과 글이 어눌할 뿐 아니라 다른 학생에 비해 두 달이나 뒤처진 상태라서 지원이 시급했다.

먼저 면담 검사를 통해 한글을 어느 정도 알고 있는지 확인해 보았다. 한글 모음과 자음은 전혀 모르는 상태였으며, 간단한 낱글자 몇 개만 읽을 수 있었다. 학습 능력 수준은 매우 낮았고 태도는 소극적이었지만 비교적 협조적이어서 희망이 보였다. 담임 선생님과 면담해 보니 우주는 학급에서 우리말이 서툴러 말하기를 꺼려한다고 했다. 친구들과도 잘 지내지 못하여 학교생활에 적응하는 데 어려움이 있다고 했다. 우주는 한글뿐 아니라 전반적인 생활 지도가 필요한 학생이었다. 우주의 한글 수업은 주 2회 40분씩 진행하기로 하였다. 그러나 공부를 제대로 해 보지 않은 우주는 40분 동안 앉아서 집중하기 어려워 보였다. 그래서 교재뿐 아니라 다양한 교구를 사용하여 몸을 움직이면서 수업에 참여할 수 있도록 하였다. 공부하는 사이사이에는 재미있는 그림책을 읽어 주어 한글에 흥미를 가질 수 있도록 하였으며, 놀이나 게임도 병행하여 수업에 즐겁게 참여할 수 있도록 유도하였다. 함께 공부를 시작한 지 한 달쯤 지났을 때 우주는 베트남에 다시 가고 싶다며 우울한 표정을 지어 보였다. 이유를 물어보니 베트남에 계신 할아버지와 할머니는 우주와 잘 놀아 주는데 아빠와 엄마는 TV만 보고 같이 놀아 주지 않는다고 했다. 더욱이 엄마는 식당에 다니기 때문에 저녁에나 되어야 집에 돌아온다고 했다. 우주가 사는 시골 동네에는 아이들이 거의 없다 보니 같이 놀 친구도 없었다. 학교 친구들은 대부분 읍내에서 살기 때문에 귀가 후에는 친구가 한 명도 없었다. 한창 또래 친구가 필요하고 엄마가 필요한 시기에 혼자서 지내는 시간이 많다 보니 많이 심심할 것 같았다. 우주의 아빠는 집에 있을 때 주로 TV만 시청하고 있어서 우주의 언어 발달에 전혀 도움을 주지 못하고 있는 상황이었다. 엄마는 우주와 둘이 얘기할 때 우리말보다 베트남어를 더 많이 사용한다고 했다. 이런 가정환경 속에서 생활을 하다 보니 우주의 언어 발달 및 한글 습득이 지연된 것이다. 그뿐 아니라 어휘력 수준도 매우 낮아 동화를 읽어 주거나 대화할 때는 낱말의 뜻을 알려 주어야만 이해를 했다. 가정 형편이 좋지 않다 보니 우주의 교육에는 큰 관심을 갖지 못했고 학교 공부도 거의 챙겨 주지 못했다. 우주의 교육은 오로지 학교의 몫이었던 것이다.

우주는 왼손잡이였기 때문에 연필을 왼손에 쥐고 글씨를 썼다. 소근육 발달이 되지 않아 손에 힘이 없었고, 글씨 쓰기를 힘들어했다. 유아기에 가정에서 손으로 조작하는 활동을 거의 해 보지 못했기 때문에 손으로 하는 활동은 대부분 서툴렀다. 베트남 엄마는 우리나라의 교육 상황을 잘 몰랐고 등교의 중요성도 인지하지 못했기 때문에 우주가 조금만 몸이 좋지 않으면 학교에 보내지 않았다. 1주일에 두 번 만나는데 그마저도 자주 빠지다 보니 학습하는 데 지장이 많았다. 그래서 학부모 상담을 통해 특별한 경우가 아니면 결석이나 조퇴를 되도록 하지 말아 달라고 부탁했다.

의미 중심 한글 지도

우주와의 한글 수업은 한국교육과정평가원에서 발행한 교재와 교과서 그리고 시중에서 판매되고 있는 한글 지도 교재를 선정하여 진행하였다. 먼저 기본 모음 '아, 야, 어, 여, 오, 요, 우, 유, 으, 이'를 익히고 순서대로 쓰기를 연습하였다. 그런 다음 기본 모음이 들어간 낱말을 읽고 쓰는 연습을 통해 모음을 익혔다. 그러나 우주는 전날 익힌 모음을 기억하는 데 어려움을 보였고, 익힌 모음을 다른 낱말에 전이하여 읽지 못하였다. '아이', '오이'등의 낱말은 읽으면서도 '아, 이, 오' 등이 들어간 다른 낱말을 읽게 하면 언제 읽었느냐는 듯이 전혀 읽지 못하는 모습을 보였다. 낱말을 하나의 모양으로 인지하여 암기해 읽다 보니 다른 낱말에서는 같은 글자가 있더라도 모르겠다고 했다. 그래서 교과서에 나오는 다양한 낱말을 반복해 읽기 연습을 하였다. 그리고 직접 만든 교구를 이용한 모음 찾기 놀이를 통해 모음을 즐겁게 익힐 수 있도록 했다. 기본 모음을 어느 정도 익힌 후 자음 익히기에 들어갔다. 자음 'ㄱ, ㄴ, ㄷ'부터 시작하여 한 시간에 두 개의 자음을 공부하였으며, 여름 방학이 시작되기 전에 가까스로 자음 14개의 학습을 마쳤다. 그러나 학습을 마쳤다고 해서 모음과 자음을 모두 알고 있지는 않았다. 학습 내용을 받아들이는 속도는 또래에 비해 많이 늦었고, 학습한 내용을 잊어버리는 속도는 상대적으로 빨랐다. 이런 이유들로 인해 앞부분에서 학습한 모음과 자음들을 반복적으로 복습하면서 조금씩 진도를 나가다 보니 많은 시간이 할애되었다. 1학년 1학기는 20회기의 수업으로 종결되었다. 여름 방학이 길어서 이미 익힌 모음과 자음들을 모두 잊어버리고 오면 어떻게 하나 걱정하면서 9월 2일에나 되어서야 다시 우주를 만날 수 있었다.

2학기에는 1학기 학습에 이어서 쌍자음, 받침, 이중 모음 순으로 학습을 진행하였다. 모음과 자음을 정확하게 모른다고 해서 복습만 하다 보면 진도를 나갈 수 없었기 때문에 교재에 맞춰 학습을 진행하였다. 이와 더불어 소근육 발달을 위해 오리고 뜯고 접어서 만드는 활동을 병행하였다. 우주는 남자아이라서 공룡 만들기를 좋아하였다. "선생님, 저 공룡 좋아해요. 또 가지고 오세요."라며 자신의 생각을 적극적으로 표현하였다. 열심히 공부한 다음 강화물로 만들기 활동을 하였더니 효과가 좋았다. 그러나 학습 내용이 어려워지면서 공부는 싫어하고 만들기만 좋아하는 문제점이 발생하기도 했다. 받침이 있는 낱말 학습은 받침 없는 낱자에 받침을 넣어 읽도록 하여 쉽게 익힐 수 있도록 지도하였다. '코+ㅇ→콩, 이+ㄹ→일 파+ㄹ→팔'과 같은 방법으로 익혔으며 같은 받침이 들어간 다양한 낱말을 반복적으로 읽고 쓰게 하였다.

대표 받침의 학습이 끝나갈 무렵 우주의 이름과 학교 이름을 써 보라고 했다. 다행히 이름에는 받침이 하나도 없어서 바르게 잘 썼는데 학교 이름은 못 쓰겠다고 했다. 학교 이름에는 모두 받침이 있었기 때문이다. 우주는 쓰기보다 한글을 읽는 것이 시급했기 때문에 읽기 위주의 학습에 치중하였다. 읽기만으로도 습득하는 데 어려움을 보였기 때문에 쓰기까지 집중해 지도하기에는 우주가 너무 힘들어했다.

받침에 이어 이중 모음에 대해 공부했다. 모음과 자음, 받침에 비해 학습하는 데 어려움을 보였고, 왼손잡이라서 쓰기를 시키면 모두 거꾸로 써서 획순을 바로 잡는 데도 한참 걸렸다. 11월 말에 지도하던 교재의 학습이 끝났다. 그러나 우주는 아직까지 한글을 읽지 못했다. 주 2회는 직접 지도하고 학교를 방문하지 않는 다른 날은 담임 선생님이 지도했는데도 받침이 없는 낱말을 더듬더듬 읽을 수 있는 수준이었다. 담임 선생님은 "한 학기만 지도하면 한글을 읽을 수 있을 것이라고 기대했는데 일 년을 지도해도 안 되네요."라고 말씀하셨다. 반복해서 지도해도 발전이 없는 우주를 바라보면서 제대로 못 가르쳐서 그런가 하는 자괴감까지 들었다. 그래서 다음 교재로 진도를 나가기보다는 교재를 바꾸어서 받침이 없는 낱말을 복습하기로 했다. 교재의 내용이 다시 쉬워지면서 우주는 스스로 읽을 수 있는 낱말이 많아졌으며, 성취감을 느끼면서 즐겁게 수업에 참여했다. 그리고 손의 힘이 좋아지면서 쓰기도 획순에 맞게 바른 모양으로 잘 썼다. 그런데 또 다시 겨울 방학이 다가왔다. 이제 겨우 받침 없는 낱말을 읽을 수 있게 되었는데 긴 겨울 방학동안 학습이 단절되면 이제까지의 수고가 물거품이 될 것 같았다. 그래서 우주 엄마와 상의하여 겨울 방학 기간 동안 주 2회, 2시간씩 한글 수업을 하기로 하였다. 다행히 우주의 집이 학교에서 가까웠기 때문에 등하교에 신경 쓰지 않고 학교에 올 수 있었다. 1학년인 우주는 추운 날씨에도 불구하고 빠지는 날 없이 수업에 잘 참여했다. 하루는 공부하는 도중에 눈물을 보였다. 왜 우는지 물어보았더니 공부하는 것이 너무 힘들다고 하소연하였다. 평소에는 40분 수업을 했는데 방학 기간 동안은 80분 수업을 했으므로 나름 힘이 들었을 것이다. 그러나 열심히 공부한 덕분에 읽을 수 있는 낱말들이 많아졌다. 제시된 낱말들을 혼자 힘으로 모두 읽을 수 있게 된 후 지금의 마음이 어떤지 물어보았다. "눈물이 날 것처럼 기분이 좋아요."라고 말하면서 씩 웃는 모습을 보니 기분이 좋았다. 우주는 겨울 방학 기간과 2월까지 13회기 동안 다양한 낱말 읽기 연습을 통해 한글 읽기에 대한 자신감이 많이 향상되었다. 그리고 방학 기간 동안 학습의 단절 기간이 없어서 학교생활에 적응하는 데도 많은 도움이 되었다.

발음 중심(파닉스) 한글 지도

2학년 신학기가 시작되면서 개학과 동시에 학습 공백 없이 한글 수업을 진행했다. 4월 중순까지는 방학 동안 사용했던 교재를 이어서 지도했다. 주로 받침 있는 낱말을 소리 내어 읽고 글자와 그림을 연결하는 활동을 통해 낱말을 익혔다. 그러던 도중 강원도교육청 주관으로 한글문해교육전문가 과정 연수가 시작되었다. 연수 과정에서 '훈민정음 제자 원리와 발음 중심 한글 해득 프로그램' 교수법을 지도받으며, 배운 내용을 실제 수업에 적용해 볼 학생 지도 사례가 필요했다. 그래서 우주를 학생 지도 사례로 선정하여 연수와 슈퍼비전을 받으면서 새로운 교재와 새로운 지도 방식으로 한글을 지도하게 되었다. 지금까지의 지도 방식과 교재는 모두 버려야만 했다. 우선 학생 지도에 앞서 사전 진단 검사를 실시했다. 이는 우주의 상태를 좀 더 객관적으로 진단할 수 있는 계기가 되었다. 사전 기초 진단 검사 결과 단어 읽기 검사에서는 총 50개 중 3개를 바르게 읽었으며, 100어절로 구성된 문장 읽기 검사에는 시간이 8분 30초가 걸렸으며 정확도는 18%에 불과했다. 한글 해득 수준 진단 검사에서는 모음 10개 중 10점, 자음 14개 중 14점, 받침 없는 글자 14개 중 9점, 단어/비단어 읽기 20개 중 7점을 보였다. 듣고 쓰기 검사에서는 하나도 바르게 쓰지 못하고 0점을 보였다. '우리'와 같은 기본적이고 쉬운 낱말도 '오리'로 쓰는 어이없는 오반응을 보였다. 지난 1년간의 지도가 무색할 정도로 우주는 한글 모음과 자음, 받침 없는 낱말만 겨우 읽을 수 있는 수준이었다. 지능 검사(K-CTONI-2)에서는 평균하의 수준을 보였다. 정서 행동에는 특별한 문제점이 없어 보이지만, 실제로 관찰해 보니 주의가 산만하며 바른자세로 앉아 있는 것을 힘들어했다. 진단 검사를 종합적으로 살펴보았을 때 우주의 한글 미해득 원인은 열악한 가정환경과 낮은 지능이 복합적으로 작용하고 있는 것으로 보였다.

발음 중심 한글 해득 프로그램으로 지도를 시작하면서 기존의 의미 중심 지도 방법은 모두 잊어야만 했다. 사전 진단 검사 결과, 한글을 처음부터 다시 지도해야 하는 상황이어서 홀로 발음할 수 있는 모음은 확인만 하고 자음부터 출발점을 잡았다. 기존의 의미 중심 지도 방법은 먼저 자음의 이름을 익히고 그 자음이 들어간 낱말을 통해 글자를 익혔다. 예를 들면, 자음 ㄱ, ㄴ을 익힌 후 자음 ㄱ, ㄴ이 들어간 '가구, 너, 누나, 고니, 구이' 등과 같은 낱말을 읽고 쓰는 과정을 통해 한글을 익혔다. 그러다 보니 익힌 낱말도 다른 낱말에서 읽어 보게 하면 낱말의 전이가 되지 않아 읽지 못하는 모습을 볼 수 있었다. 예를 들면 '두부'는 읽지만, '두'가 들어간 다른 낱말인 '두유'는 읽지 못하는 경우이다. 다른 낱말로의 전이가 원활하지 못하다 보니 익힌 낱말 속에서만 그 글자를 읽을 수 있는 모습을 볼 수 있다. 이는 의미 중심 지도법의 가장 큰 단점이라고 생각한다. 물론 일반적인 아동들은 의미 중심 지도법으로도 한글을 읽을 수 있지만, 학습종합클리닉센터에 의뢰된 아동들은 그렇지 않다는 것이 문제였다. 발음 중심의 새로운 교수법은 모음의 소리, 자음의 소리를 익힌 후 자음과 모음을 합성하는 과정을 통해 스스로 한글을 읽을 수 있도록 지도하는 방식이었다. 기존의 지도 방법에 익숙했던 우리에게는 획기적인 교수법이었다.

지금까지 배웠던 방법을 모두 버리고 새로운 지도법을 배워야 하는 우주도 힘들겠지만, 새로운 지도법을 배워 학생에게 가르쳐야 하는 학습클리닉전문가도 모두 힘들었다. '발음 중심의 지도법이 얼마나 효과가 있을까?'라는 의문을 가지면서도 연수를 받은 후 학생에게 적용하고 또다시 지도 선생님께 슈퍼비전을 받는 과정을 4월 중순부터 11월 말까지 되풀이하였다. 이 기간 동안은 수업 시수도 주 2회에서 주 3회로 늘렸다. 학생에게 효과적으로 지도하려면 최소한 주 3회는 지도해야 한다고 해서 월, 수, 금 방과후에 40~50분씩 수업을 진행하였다. 자음

지도의 순서는 'ㄱ, ㄴ, ㄷ'처럼 자음의 순서대로가 아니라 조음 위치가 같은 것끼리 묶어 가르쳤다. 'ㅂ-ㅃ-ㅍ-ㅁ → ㄱ-ㄲ-ㅋ-ㅇ → ㄷ-ㄸ-ㅌ-ㄴ → ㅅ-ㅉ-ㅊ-ㅅ → ㅆ-ㅎ-ㄹ'의 순서로 수업을 진행했고, 먼저 낱자를 제시하지 않고 발음할 때의 입모양을 사진으로 제시하였다. '기역, 니은, 디귿, 리을'과 같이 글자의 이름을 말하지 않고 '그, 느, 드, 르'와 같이 글자의 소리를 내도록 지도하였다. 입모양 사진을 보고 입모양대로 발음해 보면서 입모양과 자음의 소리를 연결하여 자음의 소리를 익힐 수 있도록 했다. '입모양-소리, 소리-입모양, 입모양-낱자, 낱자-입모양' 찾기를 단계적으로 반복 진행하여 입모양-소리-낱자의 대응을 익힌 후 다음 단계로 넘어갔다. 다행히 입모양을 보면서 소리를 익히는 것을 재미있어 했기 때문에 기존 지도 방법보다 더 쉽게 따라 했다. 우주는 다문화 가정의 학생이다 보니 'ㄲ, ㄸ, ㅃ, ㅆ, ㅉ'와 같은 경음의 발음을 어려워했다. 그리고 'ㅋ, ㅌ, ㅍ'를 정확하게 구별하지 못하고 헷갈려 하면서 지속적으로 오반응을 보였다. '천천히 배우는 아이'인 우주에게 가장 좋은 것은 '반복 학습'이다. 진도를 나가면서 어려워하는 부분은 수업 시작 전에 5분씩 복습하는 미니 수업을 하였다. '자음의 소리' 학습을 마친 후 훈민정음 제자 원리와 발음 중심 한글 해득 프로그램인 『찬찬 한글』로 수업을 진행하였다. 이 교재는 한국교육과정평가원에서 발행한 것으로, 강원도에서는 1학년 학생들 모두에게 한글 지도 부교재로 배부되고 있다. 이미 학습한 모음, 자음 부분은 받침 없는 단어 읽기를 통해 복습한 후 복잡한 모음부터 시작하였다. 'ㅐ, ㅔ / ㅖ, ㅒ / ㅟ, ㅢ / ㅞ, ㅙ, ㅚ' 순으로 수업하였으며 'ㅐ, ㅔ, ㅚ'와 같은 낱자는 다른 복잡한 모음처럼 두 모음을 합쳐 소리를 낼 수 없었기 때문에 지금까지의 발음 중심 학습법과 달리, 낱자와 소리를 외워야만 익힐 수 있었다. 우주는 자음을 익힐 때 기간이 오래 걸리고 힘들어서 오히려 복잡한 모음은 자음에 비해 쉽게 익혔다. 그러나 위기가 찾아왔다. 지금까지는 순응적으로 학습에 잘 참여했던 우주가 6월 중순이 지나면서 짜증을 내거나 화를 참지 못해 소리를 지르는 등 감정을 조절하지 못하는 모습을 자주 보였다. 다른 친구들은 즐겁게 놀고 있는데 우주는 일주일에 세 번씩이나 별도로 공부를 해야 하니 화가 나는 건 당연한 일이었다. 더욱이 한글은 배우고 또 배워도 빨리 늘지 않고 어렵기만 하니 얼마나 힘들었을지 이해가 되었다. 7월이 되면서 대표 받침 익히기에 들어갔다. 그렇다고 해서 모음의 소리, 자음의 소리, 복잡한 모음을 정확하게 알고 있는 것은 아니었다. 헷갈려하는 낱글자들은 진도를 나가면서 지속적으로 반복 학습을 했다. 기본적인 모음 '오'와 '우'도 낱글자로는 잘 구별해서 읽을 수 있지만, 낱말 읽기 연습에서는 '콜'을 '쿨'로 읽는 오반응을 보였다. 우주는 학습한 내용을 잊어버리는 속도가 빨랐기 때문에 끊임없이 반복해야만 했다. 담임 선생님, 부모님과 면담하여 이번 여름 방학 기간에도 한글 수업을 진행하기로 하였다. 우주는 방학 동안 학습이 단절되면 지금까지 익힌 한글들도 모두 잊어버릴 수 있는 그런 아이였기 때문에 어쩔 수 없었다. 우주도 공부하기는 싫어했지만 아직까지 문장으로 된 글을 읽을 수 없는 상태이다 보니 한글 수업의 필요성을 알고 있었고 수업에도 잘 참여했다. 주 3회씩 열심히 공부한 덕분에 8월 초에 『찬찬 한글』 교재를 끝냈다. 『찬찬 한글』을 마치면서 교재 마지막 부분에 있는 최종 평가하기를 실시해 보았다. 받침 없는 단어와 받침 있는 단어로 구성된 해독 10문항에서 9개를 정확하게 읽었고, 받아쓰기는 힘들어해서 평가를 중단하였다. 『찬찬 한글』을 완벽하게 끝내지는 못했지만, 문장 글은 어느 정도 읽을 수 있게 되었으며 쓰기는 아직까지 많은 연습이 필요해 보였다. 일반적인 학생들은 『찬찬 한글』을 끝내면 한글 해득이 완성되는데 우주는 그렇지 못해 다음 과정의 학습이 더 필요했다.

모음과 자음, 복잡한 모음, 대표 받침의 음가를 모두 익혔으므로 음운 인식 훈련을 진행하였다. 『찬찬 한글』에서도 자음과 모음의 소리를 합성하여 글자를 읽는 연습을 하였다. 그러나 아직까지 음소를 합성하여 글자를 읽는 데 어려움을 보여 음소 합성, 음소 대치, 음절상자를 이용한 음소 합성, 음소 분절을 이용한 받아쓰기 훈련을 단계적으로 지도하였다. 『찬찬 한글』에서는 낱글자 위주로 음소 합성 연습을 하였고, 이번 과정에서는 낱말 단위로 음소를 합성하여 읽기 연습을 하였다. 그리고 글자 수가 많지 않은 그림 동화책을 몇 권 골라 문장 글 읽기 연습도 함께 진행하였다. 읽기 부담을 줄여 주기 위해 먼저 소리 내어 읽어 준 후 따라 읽도록 하였다. 우주는 재미있는 그림 동화에 관심을 보였고 스스로 읽어보려고 노력하는 모습을 보였다. 어떤 때는 "선생님, 저 혼자 읽어 볼래요."라고 하면서 먼저 읽기도 하였다. 11월 초까지 거의 3개월 동안 다양한 낱말로 음소 분절과 음소 합성 연습을 반복적으로 진행하였으며, 열심히 노력한 덕분에 모르는 낱말도 음소 합성 과정을 통해 스스로 읽을 수 있는 수준에 이르렀다.

11월 한글문해교육전문가 과정 연수가 막바지에 이르면서 우주가 얼마나 향상되었는지 사후 검사를 실시하였다. 사전 검사와 비교했을 때 한글 해득 수준 진단 검사에서는 받침 있는 단어 읽기와 듣고 쓰기를 제외하고는 모두 향상된 것으로 나타났다. 높은 향상을 보이기는 했지만 단어 읽기 검사에서 8점(사전 검사 3점), 100어절로 구성된 문장 읽기 검사에서는 5분 20초(사전 검사 8분 3초), 정확도는 31.5%(사전 검사 18%)를 보여 아직은 갈 길이 멀다는 것을 느꼈다. 사례 발표를 마친 후 슈퍼바이저 선생님께서도 우주는 많이 힘든 학생이어서 앞으로도 1년은 더 지도해야 한글을 읽을 수 있겠다고 하셨다. 우주는 끝이 보이지 않는 어둡고 긴 터널 같았지만, 그래도 조금씩 향상된 모습을 보여 주고 있기 때문에 희망의 끈을 놓을 수 없었다.

우주의 가장 큰 장점은 집이 학교 근처에 있어서 버스를 타지 않고 걸어서 등하교 하는 것이었다. 일반적인 학생들은 공부를 하다가도 종료 시간에 맞춰 끝내야 하는데 우주의 경우는 하교 시간에 구애받지 않고 마치는 시간을 조절할 수 있었다. 따라서 공부 시간을 확보하기에는 매우 좋은 조건이었다. 그 덕분에 학교 문을 닫을 때까지 공부한 적도 많았다.

어느 날 우주는 수업이 끝났는데도 집에 가지 않고 내 자동차 앞에 서 있었다. 그래서 집에 왜 안 가느냐고 물어보았더니 "선생님, 차 태워 주세요"라고 말했다. 아마도 집에 자동차가 없다 보니 자동차를 타고 싶었던 모양이다. 그 이후에는 공부를 마치고 집에 갈 때마다 교문 밖 도로까지 차를 태워 주었다. 정말 5분도 안 되는 짧은 시간이었지만, 우주는 너무 좋아했다. 수업이 있는 날이면 당연하다는 듯이 내 차 앞에서 기다리고 있었다. 그러던 어느 날 교문 바로 앞에서 갑자기 후진해서 튀어나온 어린이집 승합차에 교통사고를 당했다. 다행히 우주도 나도 다치지는 않았지만, 둘 다 큰 충격을 받았다. 이런 일이 있은 이후에는 우주에게 위험해서 안 되겠다고 얘기해 준 다음 차를 태워주지 않았다. 우주는 사고를 직접 목격했기 때문에 아무 말 없이 따라 주었다. 우주와의 한글 공부는 2학년 겨울 방학에도 계속되었다. 현재 상태로는 3학년 학습을 따라갈 수 없었기 때문에 선택의 여지가 없었다. 우주는 잘 읽지 못하면서도 옆에서 도와주는 것을 매우 싫어했다. 혼자 힘으로 읽고 싶다고 하면서 도와주지 말라는 부탁까지 했다. 그래서 읽기 속도가 느리긴 했지만, 스스로 읽을 수 있도록 기다려 주었다. 겨울 방학 기간에는 2주 동안 매일 2시간씩 공부하였다. 해독 연습 교재를 이용해 의미 단어 읽기 연습을 하였다. 같은 낱자가 들어간 단어를 보면서 우주 혼자 마음속으로 음소 합성을 한 후 읽을 때는 한 번에 읽도록 지도했다. 의미 단어 읽기, 받침 중심 읽기 연습, 무의미 단어 읽기, 짧은 글 읽기, 동요 읽기, 단락 수준의 글 읽기 등과 같은 순서로 수업을 진행하였다. 자음과 모음, 이중 모음, 받침 등 각각의 음가는 모두 알고 있었지만, 낱자를 합성하여 하나의 글자를 읽는 데는 많은 에너지가 소모되었다. 그래서인지 우주의 읽기 실력은 좀처럼 향상되지 않았다. 단락 수준의 글 읽기는 시간을 측정하면서 읽기 연습을 하여 우주 스스로 시간이 줄어드는 것을 확인할 수 있도록 했다. 처음 읽을 때는 40어절을 2분 47초에 읽었는데, 반복 읽기 연습을 한 후에는 1분 30초까지 줄어들었다. 반복해서 연습할수록 읽기 속도가 향상되는 것을 눈으로 확인하면서 우주는 자신감이 생겼으며, 힘들었지만 불평하지 않고 수업에 참여했다.

우주의 가장 큰 문제점은 학습 공백이 생기면 읽기 능력이 퇴보한다는 것이었다. 일반적인 학생들은 한글을 익히면 쉽게 잊어버리지 않고, 학습이 중단되더라도 지속적으로 향상되는 모습을 볼 수 있다. 그러나 우주의 경우는 예외였다. 가정에서도 반복해서 읽기 연습을 할 수 있도록 부탁드렸지만 "네" 하고 대답만 할 뿐 가정에서의 학습은 전혀 기대할 수 없었다. 온전하게 학교에서의 학습만으로 읽기 연습을 하다 보니 학습이 중단되면 우주의 읽기 능력이 멈춰 있는 것이 아니라 오히려 퇴보했다.

3학년이 되면서 우주의 현재 상태를 다시 진단하고 학습 계획을 세우기 위해 새로 개발된 '한국어 읽기 검사(KOLRA)'를 실시하였다. 겨울방학 동안 열심히 공부했기 때문에 어떤 결과가 나올지 궁금했다. 검사 결과 읽기지수와 읽기·언어지수가 1학년 평균 미도달로 나왔다. 해독, 읽기이해, 문단글 읽기 유창성, 듣기이해, 받아쓰기 등 거의 모든 영역에서 백분위 1%ile 미만으로 또래보다 지연된 수행 수준을 보였다. '나의 꿈'으로 주제글 쓰기 영역에서는 시도도 해 보지 않고 처음부터 쓰지 못하겠다고 하여 검사를 실시하지 못했다. 그나마 음운 인식 검사에서는 오반응이 거의 없었다. 100어절로 구성된 문장 읽기 검사에서는 2학년 11월에 32%의 정확도를 보였지만, 이번 검사에서는 65%의 정확도를 보여 많이 향상된 것을 알 수 있었다. 그러나 문장 글을 어절 단위로 끊어 자연스럽게 읽지 못하고 한 글자씩 끊어 더듬더듬 읽었으며 잘 모르는 단어는 마음대로 추측해 읽는 경우도 많았다. 한글 해득 완성 수준은 중급 정도이지만, 실제로 글을 읽는 데는 아직까지 많은 어려움을 보이고 있었다.

우주는 전형적인 해독형 난독 학생이자 심한 읽기 부진 상태였기 때문에 집중적인 읽기중재가 필요했다. 우주의 수업은 주 2회 40분씩 읽기 유창성 연습 위주로 진행하였다. 처음에는 두 문장 수준의 짧은 글로 읽기 연습을 하고 그다음 단계에서는 단락 수준의 글을 또박또박 읽을 수 있도록 연습하였다. 읽는 데 걸린 시간을 기록하면서 반복해서 읽기 연습에 집중하였다. 여름 방학 기간에도 학교 캠프 기간 2주 동안 지속적으로 수업을 진행하였다. 개학할 때까지 2주 정도 학습 공백 기간이 있어서 걱정을 했지만, 생각보다 빨리 제자리를 찾았다. 2학기부터는 읽기 이해력의 향상을 위해 무학년 국어과 읽기 이해 교재인 『차근차근 읽기 공부』를 병행하였다. 3학년인데 마냥 읽기 유창성 연습만 하고 있으니 교과 과정을 따라갈 수 없는 상황이었다. 그래서 짧은 이야기 글을 읽고 난 후 글의 내용을 이해해 3~4문제를 풀도록 구성된 교재를 활용하여 수업을 하였다. 첫 번째 읽기는 해독 위주로 진행하고, 두 번째 읽기는 글의 내용을 이해하고 기억하면서 읽을 수 있도록 하였다. 그러나 이 수업 또한 쉽지 않았다. 우주는 글을 읽지 못했기 때문에 동화책을 거의 읽지 않았고 엄마도 베트남 사람이다 보니 동화를 읽어 주지 못했다. '개미와 베짱이'와 같은 기본적인 동화도 모른다고 했다. 그래서인지 우주의 어휘 수준은 매우 낮았고, 상식적인 낱말도 그 뜻을 알지 못해 글의 내용을 이해하는 데 어려움을 보였다. 모르는 낱말은 일일이 설명을 해 주어야만 내용을 이해할 수 있었다. 예를 들면 '험한 산길을 오르다.'라는 문장에서 '험한'이 무슨 뜻이냐고 물어보았고, '들판에 벼가 누렇게 익었다.'에서는 '들판'과 '벼'의 뜻을 모르겠다고 했다. '짜장, 짬뽕, 탕수육'에서는 '탕수육'이 무엇인지 모르고 먹어본 적도 없다고 말했다. 그리고 지시문도 설명을 해 주어야만 이해하고 문제를 풀 수 있었다. 일반적인 또래 아이들은 설명해 주지 않아도 알고 있는 낱말들을 전혀 모르고 있으니 우주가 제일 답답하고 힘들었을 것이다. 읽기 유창성, 읽기 이해력, 쓰기가 함께 향상될 수 있도록 종합적으로 지도했지만, 3학년 2학기 말까지 쓰기 능력은 또래에 비해 매우 낮은 수준이었다. 쓰기 능력을 향상시키기 위해 쓰기 과제도 내 주었지만 관리가 되지 않다 보니 큰 효과가 없었다. 하지만 우주는 주제글을 쓰려고 노력하는 모습을 보였다. 이전에 글쓰기를 시키면 못 쓴다고 하면서 아예 시도도 하지 않았지만, 이제는 무언가를 스스로 썼다는 것에 큰 의미를 두었다. 우주는 많이 가르쳐 준다고 해서 배운 것을 모두 받아들일 수 있는 학생이 아니다 보니 반복적이고 지속적으로 지원해 주는 것이 무엇보다 중요했다. 그래서 욕심을 내지 않고 우주가 할 수 있는 만큼만 지도하려고 노력하였다. 3학년 2학기가 끝나갈 무렵 사후 검사를 실시하였다. 한글 해득 수준은 완성 단계였다. 문단 글 읽기 유창성도 많이 향상되어 몇 개의 단어를 제외하고는 오반응이 거의 없었다. 시간도 사전 검사 3분 29초, 사후 검사 1분 46초로 눈에 띄게 단축되었다. 그러나 아직까지 읽기 자신감이 부족하여 글을 작은 목소리로 읽었다.

수학도 가르쳐 주세요

11월 말이 되었을 무렵 한글 읽기에 어느 정도 자신감이 생기자 수학도 가르쳐 달라고 했다. 누가 시키지도 않았는데 스스로 공부를 하겠다고 요청한 것이다. 한글을 모르면 다른 수업을 따라갈 수 없기 때문에 지금까지 한글을 읽고 쓰는 것에만 집중했는데 이제는 어느 정도 한글을 읽고 쓸 수 있을 정도가 되자 수학을 가르쳐 달라고 하는 것이다. 이제까지 3년 동안 공부하는 것이 지겹고 힘들었을 텐데 더 가르쳐 달라고 하니 기특하고 예뻤다. 가르쳐 줄 수 있는 것은 뭐든지 가르쳐 주고 싶을 만큼 의욕이 생겼다. 수학을 지도하기에 앞서 우주의 수학 수행 수준을 확인하기 위해 수학 검사를 실시했다. 3학년이면 구구단을 암기할 수 있고, 곱셈과 나눗셈을 해야 하는 시기인데 우주는 손가락을 사용하여 10 이하의 덧셈과 뺄셈만 할 수 있는 정도였다. 수 가르기와 모으기 개념이 전혀 없었고, 받아올림이 있는 덧셈과 받아내림이 있는 뺄셈은 모두 오반응을 보였다. 다행히 우주 스스로 수학 공부의 필요성을 느끼고 도움을 요청했기 때문에 별도로 시간을 할애해서라도 도와주고 싶었다. 그래서 한글 공부를 먼저 한 후 수학 학습 지도를 병행하였다. 우주는 한글보다 수학을 받아들이는 속도가 빨랐다. 3학년 겨울 방학에는 학교 캠프 기간(2주) 동안 하루에 국어 1시간, 수학 1시간씩 공부를 하였고, 격일로 총 5회기의 학습 지도를 하였다. 수학은 집에서 풀어오도록 매일 과제를 내 주었는데 기대보다 잘 풀어왔다. 매일매일 수학 공부를 열심히 한 덕분에 받아올림이 있는 덧셈과 받아내림이 있는 뺄셈을 손가락을 사용하지 않고 계산할 수 있게 되었다. 한글에 비하면 수학은 훨씬 수월했다. 방학 기간 동안의 특별 교육에도 불구하고 읽기 유창성은 눈에 띄게 향상되지 않았고, 글을 읽고 내용을 이해하는 데도 어려움을 보였다. 쓰기 지도도 병행했지만, 아직까지는 소리 나는 대로 쓰거나 음운 규칙에 너무 신경을 쓰다 보니 받침이 없는 글자인데 받침을 넣어 쓰는 등 많은 오반응을 보였다. 국어 영역은 정체 상태를 보였다. 읽기, 쓰기, 이해를 모두 공부해야 하는 국어 수업은 우주에게 너무 벅차고 힘들었나 보다. 2월은 푹 쉬고 4학년이 되면 다시 만나 공부할 것을 약속하고 3학년을 마무리하였다.

4학년이 되면서 기초학력 진단-보정 시스템에서 처음으로 진단 검사를 실시할 수 있게 되었다. 우주의 국어와 수학 수행 수준이 어느 정도인지, 제학년 수업은 따라갈 수 있을지 궁금했다. 우주는 전 학년 수준의 진단 검사에서 국어 25문항 중 9개, 수학 25문항 중 7개의 정답을 보였다. 어느 정도 예상은 했지만, 결과는 충격적이었다. 국어, 수학 모두 기초학력 미달이었으며, 4학년 교과 수업을 따라갈 수 없을 정도의 수행 수준을 보였다. 우주와 함께 공부한 시간이 만 3년을 넘어섰는데 아직도 갈 길이 멀어 보였다. 이제까지의 학습은 교과목 공부라기보다 한글을 읽고 쓰는 데 집중했기 때문에 당연한 결과로 보였다. 4월부터 다시 우주와의 공부가 시작되었다. 2, 3월 두 달 동안 학습 공백이 있어서 그런지 읽기 유창성이 기대보다 많이 떨어졌으며 음운 규칙에 맞게 소리 나는 대로 읽는 데도 어려움을 보였다. 그렇지만 읽기 유창성 연습만 반복적으로 할 수가 없어서 이번 학년에는 읽기 이해력 향상과 국어 교과의 수행력을 높이기 위해 기초학력 진단 검사와 연계된 초등학교 4학년 국어 교재로 수업을 진행하기로 하였다. 물론 읽기 유창성과 철자 지도도 병행하였다. 우주는 수학보다 국어를 더 어려워했기 때문에 국어 위주로 수업을 진행하였고, 수학은 매일 집에서 공부할 수 있도록 과제를 내 주었다. 기대보다 과제를 잘 해 와서 구구단을 암기할 수 있게 되었으며, 곱셈과 나눗셈까지 진도를 나갈 수 있었다. 다행스럽게도 수학은 한글에 비해 습득이 빨랐다. 우주도 수학 공부하는 것을 더 좋아했다. 한글 공부는 벌써 4년째 접어들었지만 기대하는 것만큼 향상되지 않았고, 아직까지도 철자는 제멋대로여서 받아쓰기는 매 회기마다 연습했다. 조금 서툴기는 하지만 읽기와 쓰기가 되고 수업을 따라갈 수 있게 되면서 우주는 공부에 대한 자신감이 많이 향상되었다. 자연스럽게 스스로 열심히 하려고 노력하는 모습을 보였다. 어느 날인가 편지를 썼다고 하면서 가져왔다. 국어 수업 시간에 선생님께 편지 쓰기 활동을 하였는데 담임 선생님이나 작년 담임 선생님께 쓰지 않고 나에게 써서 가져왔다. '선생님, 공부를 가르쳐 주셔서 감사합니다' 삐뚤삐뚤 서툰 글씨로 쓴 한 문장의 짧은 편지였지만 우주의 마음을 읽을 수 있었다. 그동안의 힘들었던 마음이 한순간에 녹아내렸다. 공부 가르쳐 주는 것에 대해 감사한 것도 알고 있고, 공부하는 것이 힘들어도 열심히 하려는 마음이 엿보였다. 방학에도 쉬지 않고 한 해 동안 열심히 공부한 덕분이었을까? 학년말 기초학력 진단-보정 시스템 향상도 검사에서 우주는 국어 15개(학년초 9개), 수학 18개(학년초 7개)의 정답을 맞혀 기초학력 미달에서 벗어났다. 국어보다 수학에서 더 많은 향상을 보였다. 너무 기뻐 칭찬을 많이 해 주었다. 이제 학교 수업을 따라갈 수 있는 수준에 이른 것이다. 4년이라는 긴 시간이 걸렸지만 우주가 기특하고 대견했다. 끝이 없을 것 같았던 어둡고 긴 터널에서 드디어 희망의 빛이 보였다. 4학년 겨울 방학은 우주가 베트남에 계신 외할머니 댁을 방문하게 되어 수업을 쉬었다. 4년 만에 외할머니와 삼촌을 만날 수 있게 되어서 무척 즐거워했다. 겨울 방학에 공부를 하지 않아도 되니 더 즐거워하는 것 같았다.

2020년은 코로나19로 인해 불안하게 시작되었다. 베트남을 방문한 우주가 한국에 들어오지 못하는 것은 아닌지 걱정했는데 2월 말에 무사히 잘 들어왔다고 한다. 전국적으로 학생들이 학교에 등교하지 못하는 상황이어서 학교에 순회를 나가는 우리는 상황이 좋아질 때까지 기다려야만 했다. 다행히 양구는 작은 학교가 많아 다른 시 지역에 비해 빨리 학교에 들어갈 수 있었다. 6월이 시작되면서 드디어 학교로 수업을 나갔다. 그러나 5개월 간의 긴 학습 공백 기간이 있어서 마냥 기쁘지만은 않았다. '모든 것이 리셋 되었으면 어떡하지?' 하는 걱정이 앞섰다.

5학년이 되어 다시 만난 우주는 5학년 수학 교과 과정을 가르쳐 달라고 요청했다. 지금까지 학습한 기초적인 내용으로는 수학 수업을 따라갈 수가 없었던 것이다. 그래서 우주와 상의하여 주 2회 2시간씩 공부를 하기로 했다. 한 시간은 국어, 한 시간은 수학을 공부하기로 했다. 국어는 읽기 유창성은 괜찮았지만, 쓰기는 별로 진전되지 않았다. 철자와 글쓰기를 별도로 지도하면서 교과 과정을 따라갈 수 있도록 기초학력 향상을 위한 제학년 교재로 수업을 하였다. 수학은 기본적인 연산과 함께 5학년 수학 교과에 나오는 내용을 가르쳤다. 겨우 나눗셈을 할 수 있는 우주에게 약수, 배수, 최대공약수, 최소공배수 등의 어려운 내용을 가르치니 이해하는 데 많은 시간이 걸렸다. 그러나 반복 학습을 하면서 수업을 따라갈 수 있게 되었다. 우주는 힘들지만 수업 시간에 수업 내용을 알아들을 수 있어서 좋다고 했다. 5학년이어서 사춘기가 시작되었지만 정말 성실하게 수업에 참여했다. 여름 방학, 겨울 방학 기간에도 공부는 계속 되었다. 6학년이 되어서도 주 2회 2시간씩 국어, 수학 공부를 지속하였다.

국어는 꾸준히 지도하였는데도 글을 읽고 내용을 이해하는 데 어려움을 보였다. 언어 능력이 또래 학생들보다 지연되어 있으니 어찌 보면 당연한 결과인지도 모르겠다. 학년이 올라갈수록 글에 나오는 언어 구조가 복잡해지면서 읽기 이해력이 향상되지 않았다. 반면, 수학 실력은 6학년 과정을 따라갈 수 있을 만큼 향상되었다. 그래서 국어보다 수학을 더 좋아했다. 6학년 수학을 스스로 풀 수 있게 되면서 자신감이 많이 생겼다. 국어와 수학 중 어느 과목이 더 어려운지 물어보았더니 국어가 훨씬 어렵다고 대답했다. 여름 방학이 다가올 무렵 "이번 여름 방학에도 공부할래?"라고 물어보았더니 "이번에는 쉬고 싶어요."라고 말했다. 6학년인 지금까지 방학에도 쉬지 않고 열심히 공부했으며, 학습 수행 수준도 많이 향상되어서 그렇게 하자고 했다. 6학년 2학기 말 기초학력 진단-보정 시스템 향상도 검사에서 국어는 25문항 중 15개(도달 18개), 수학은 25문항 중 18개(도달 15개)의 정답을 보였다. 국어는 아쉽게도 기준에 도달하지 못했지만 수학은 기준을 훨씬 넘어서는 성과를 보였다. 2021년 12월 24일 초등학생 우주와 마지막 수업을 하였다. 중학생이 되어서도 계속 공부하고 싶은지 물어보았더니 수학은 계속하고 싶다고 했다. 우주에게는 여전히 국어는 어려운 과목이어서 회피하고 싶었나 보다. 실제로 국어가 더 많은 지원이 필요한 학생인데 말이다.

6년을 되돌아보며

2016년 4월 19일에 처음 만나 2021년 12월 24일 마지막 수업까지 장거리 여행을 다녀온 기분이다. 이 글은 우주와 함께했던 시간들을 되돌아 볼 수 있는 계기가 되었다. 길고 힘든 여정이었는데 시간이 눈 깜짝할 사이에 지나갔다. 초등학교를 졸업하면서 학습 지원이 종결되었지만 그렇다고 해서 우주가 국어와 수학을 또래 수준만큼 잘할 수 있는 수준은 되지 못했다. 이제 겨우 수업 내용을 이해하고 따라갈 수 있는 수준이다. 6년간의 긴 지도에도 국어의 읽기 유창성은 괜찮아졌지만 맞춤법 오류가 많았으며, 글쓰기를 어려워했다. 읽기 이해력도 기대만큼 향상되지 못했다. 그래도 학교에서는 이만큼 성장한 것에 대해 감사해했다. 전교생이 30~40명 정도인 작은 학교에서 두드러지게 뒤떨어지는 우주는 모든 선생님들의 관심 대상이었다. 새 학년이 시작되면 어김 없이 "선생님, 올해도 도와주셔야지요." 하는 말에 거절할 수가 없었고, 우주의 사정을 누구보다도 더 잘 알고 있기에 졸업할 때까지 자식을 키우는 마음으로 우주를 지도했다. 우주도 그런 나의 마음을 이해했는지 큰 저항 없이 잘 따라 주었다.

2022년 3월, 새 학년이 시작되면서 관내 초·중학교 방문을 하게 되었다. 우주가 다니는 중학교에 방문하는 날은 걱정 반 기대 반으로 가슴이 설렌다. '학교생활은 잘하고 있을까?', '수업은 어렵지 않을까?' 하지만 나의 기우였다. 담당선생님께서는 우주가 친구들과 사이좋게 잘 지내고 있다고 했다. 수업도 곧잘 따라오고 있고, 영어선생님께 영어가 어렵다고 하면서 별도로 가르쳐 달라고 말했다고 했다. 안심이 되었다. 모르는 것을 부끄러워하지 않고 스스로 도움을 요청할 만큼 자존감이 향상되었기 때문이다. 담임 선생님과 담당선생님께 우주의 가정 형편이나 성적 등 자세한 정보를 알려 주었다. 학교에서는 우주에 대한 사전 정보가 없어서 답답했는데 너무 감사하다고 했다. 그리고 학습 지원은 학교에서 주요 교과목 위주로 지도해 주기로 협의했다. 현재 우주는 학습종합클리닉센터의 지원을 떠나 학교에서 잘 관리하고 있다. 담당선생님이 교육지원청을 방문할 때마다 '우리 우주 잘하고 있지요?' 라고 물어본다. 그리고 "선생님, 앞으로도 계속 우리 우주 잘 부탁드립니다."라고 부탁드린다. 집을 떠난 자식처럼 마음이 쓰이는 것은 어쩔 수 없나 보다.

'한 아이를 키우려면 온 마을이 필요하다.'라는 아프리카 속담처럼 한 아이가 온전하게 성장하도록 돌보고 가르치는 일은 한 가정만의 책임이 아니며, 이웃을 비롯한 지역 사회 또한 관심과 애정을 가져야 한다는 것을 강조한 말이다. 우주와 같은 경우에도 학교나 학습종합클리닉센터에서 포기하지 않고 끝까지 애정을 갖고 지원한 결과 이만큼의 성장을 가져왔다고 확신한다. 우리 주변에는 아직도 학습 사각지대에 있는 학생들이 많다. 학교의 담임 선생님과 학습종합클리닉센터가 애정어린 마음으로 학생들을 바라본다면 어려움에 처한 학생을 더 많이 지원해 줄 수 있을 것이라고 생각한다.

학습종합클리닉센터 10년을 맞이하면서 잘하고 있는지 확신이 서지는 않지만, 이번 책 출판을 계기로 나 자신을 되돌아보고 반성해 볼 수 있는 계기가 되었다. 그리고 다시 발돋음하여 힘차게 앞으로 나갈 수 있는 용기가 생겼다.

희망을 꿈꾸다, 꿈을 키우다

황정영
(영월교육지원청 학습클리닉전문가)

늘 똑같은 하루는 정신없이 흘러가고, 눈 한 번 감았다 떴을 뿐인데 봄이었던 계절은 어느새 또 후덥지근한 여름이다. 반복되는 하루가 지겹게 느껴져 눈을 감고 한숨을 쉬다가도 이내 고개를 저으며 생각을 바꾸게 되는 이유는 같은 계절에 만난 아이들 때문이다. 하나도 같은 부분이 없는 아이들의 첫인상과 자라나는 새싹들 같은 모습은 같은 계절을 다른 빛깔로 물들이기에 충분하다.

그날은 한창 비가 쏟아지기로 예고돼 있었다. 아침 일찍부터 우산을 챙겨 나갔지만, 비는커녕 먹구름 한 조각조차 떠 있지 않아 우산을 양산으로 쓰고 다니고 있었던 참이었다. 순회 수업을 마치고 땀을 뻘뻘 흘리며 교육청 로비로 들어오던 찰나 누군가 뒤에서 매우 반가운 목소리로 불렀다.

"안녕하세요, 잘 지내고 계시죠?"

나를 부른 사람은 다름이 아닌 영월군 체육회 육상부 체육 지도자 선생님이었다. 어떤 일로 방문하셨는지 물어보니 체육 담당자 협의회 참석을 위해 방문했다고 말씀하셨다. 반갑게 인사한 후 이런 저런 대화를 나누던 도중 다음과 같은 질문을 하셨다.

"선생님, 혹시 대호 학생 기억하고 계세요?"

"그럼요. 너무 잘 기억하고 있죠."

"대호가 얼마 전에 육상부가 훈련하는 운동장으로 인사를 왔어요. 고등학교를 졸업하고 직업 군인이 되기 위해 운동하러 왔다고 하더라고요. 얼마나 의젓하던지! 너무 멋있어졌던데요."

체육 지도자 선생님께 대호가 육상 선수가 될 수 있게 해 달라고 도움을 청한 일을 계기로 체육 지도자 선생님은 나를 만나면 연락이 끊긴 아이들의 소식을 종종 전해 주신다.

현재 내가 담당하고 있는 학습종합클리닉센터의 주된 업무는 학습이 느린 편에 속하는 아이들을 만나 함께 공부하고 상담하며, 학생 개개인에게 든든한 지지자가 되어 주는 것이다. 현재는 상담을 주 업무로 하는 Wee센터나 wee클래스가 매우 체계적으로 구축되어 있기 때문에 학습클리닉센터에서 좀 더 학습적인 부분에 집중하여 아이들을 만나고는 있지만, 대호를 처음 만났던 몇 년 전만 해도 wee클래스의 체계가 구축되지 않았기 때문에 학습적인 부분보다 정서적인 부분에 있어 어려움을 겪는 아이들을 많이 만날 때였다. 마음이 고되고 집중력에 어려움이 있는 학생 또는 충동성이 높아 학교생활과 학습, 교우 관계에 어려움이 있는 아이들 중에서는 간혹 취미로 운동을 하면 많은 도움이 될 것 같은 아이들이 있다. 운동은 아이들이 잠재적으로 가지고 있는 분노, 충동성과 같은 부정적 정서를 발산할 수 있고 성취감도 얻을 수 있는 수단으로, 심리 치료학에서 자주 사용하는 심리 치료 방법이다.

학습을 무기력하고 따분하게 느껴 공부에 등을 돌린 아이들도 흥미를 느끼는 운동을 직접 해 보면 효능감을 느끼고 자신감을 되찾을 수 있다. 그뿐 아니라 새로운 도전에 대한 두려움을 줄여 주어 학교생활과 학습적인 부분에 많은 도움을 줄 수 있다. 그렇기 때문에 체육 지도자 선생님들께 가끔 이러한 도움이 필요한 아이들을 부탁하고 관내에서 진행되고 있는 여러 가지 운동 정보를 문의하다 보니 자연스럽게 현재 학습클리닉을 받지 않아 연락이 끊긴 아이들의 소식을 전해 주신다.

체육 지도자 선생님이 소식을 전해준 아이는 대호지만, 맨 처음 체육 지도자 선생님께 운동을 의뢰했던 아이는 ADHD(주의력 결핍 장애)로 어려움을 겪던 초등학생 '정엽'이었다. 몸짓이 또래 아이들보다 훨씬 크고 거친 특징 때문에 충동을 느끼는 상황에서 친구들에게 위협으로 작용하였다. 교우 관계 또한 좋지 않았기 때문에 학교뿐 아니라 보호자도 매우 많은 걱정을 하던 학생이었다. ADHD 장애의 특성상 한 가지 일에 오래 집중하기 어렵다 보니 학습에서도 어려움이 잇따랐는데, 약물과 미술 치료를 병행했는데도 아이의 어려움이 쉽사리 해소되지 않았다. 그러던 도중 아이에게 운동을 통해 에너지를 외부로 발산하는 방법을 시도해 보았고 보호자와 의논하여 매일 읍내에 있는 운동장으로 나가 육상을 해 보기로 결정한 것이 체육 지도자 선생님과의 첫 인연이 되었다. 다행스럽게도 정엽이는 다부진 신체 구조와 힘을 활용할 줄 아는 투포환 선수가 되었고 중학생이 되어서도 영월군 대표 선수로 활약하며 입상하기도 하였다.

체육 지도자 선생님이 소식을 전해 준 대호는 초등학교 6학년 때부터 중학교 3학년까지 4년을 학습종합클리닉센터와 함께한 학생이었다. 우리 센터의 대상자가 되면 보통 1년 정도만 함께 공부하는 것이 원칙이지만, 전체 학생 수가 2,000명이 되지 않는 영월은 같은 아이가 다음해 담임 선생님이 바뀔 때 같은 아이가 의뢰되어 들어오거나 초등학교에서 중학교로 진학하면 다시 신청서가 들어오는 경우가 많다. 이 때문에 대호의 경우처럼 3~4년을 함께 만나게 되는 아이들이 많다.

대호는 몸집이 매우 작고 화를 많이 내던 아이였다. 대호는 어머니와 외할머니 두 분과 함께 살고 있었는데, 어머니는 일상이 어려우신 분으로 대호의 양육은 주로 외할머니가 맡고 계시는 상황이었고, 아버지는 가끔 연락을 하시는 정도였다. 그 당시의 대호는 학교 운동부에서 태권도를 배우고 있었다. 하지만 대호에게 힘과 기술은 양날의 검이었다. 대호의 감정이 격해져 조절이 잘되지 않을 때는 오히려 태권도를 배운 것이 독으로 작용하여 외할머니의 걱정이 이만저만이 아니었다. 가끔 격분했을 때를 제외하면, 평소에는 순종적이고 순수한 아이였다. 학습에 대한 열정도 있고 학교 수업에도 성실하게 임했다. 다른 또래아이들처럼 학원을 다니지 않았기 때문에 학습적인 면에서 부족하게 느껴지는 부분은 있었지만, 학습클리닉을 받으면서 밝고 긍정적인 성격으로 변하고 있었다. 어렸을 때 섭식 상태가 좋지 않았던 탓에 또래친구들보다 몸집이 작아서 아무리 열심히 해도 태권도 대회에서 좋은 성과로 이어지지 못하자 중학교에 진학할 때쯤 태권도를 그만두었다.

대호가 중학생이 된 이후에도 일주일에 한 번 씩 학교를 방문하여 학습 클리닉 수업을 진행하였지만, 초등학생 때보다 어려워진 학습 수준 때문에 학교 공부를 포기하고 수업 시간에 아무것도 하지 않는다며 학교에서도 걱정이 많은 상태였다. 학업은 물론 그동안 꾸준히 해 오던 태권도조차 그만두었으니 대호가 하교 후에 할 수 있는 유일한 취미는 게임밖에 없는 듯했다. 대호는 학교가 끝나면 곧장 집으로 달려가 밤늦게까지 게임을 하고 학교에서 잠을 자는 생활을 반복하고만 있었다. 초등학생이던 시절에는 기초 학습은 3R'S 읽기, 쓰기, 수학 위주의 학습 클리닉 수업을 진행하지만, 중학생이 된 아이들에게는 더 이상 이와 같은 방법으로 수업할 수 없다. 초등 학력 수준에도 미치지 못하는 아이들이 중학생이 되어 어려움을 겪는 것은 너무나 당연한 일이다. 그렇다고 해서 일주일에 한두 번 아이들을 만나 고전하는 과목의 모든 문제를 일일이 해결해 줄 수는 없으므로 학습 문제로 인해 학업을 아예 포기하거나 공부를 잘하지 못하더라도 학교생활은 즐겁게 하기를 바라는 마음으로 중학생 아이들을 만난다. 간혹 새로운 학습 동기가 생겨 어느 순간 학교 수업에 적극적으로 참여하는 아이도 있지만, 이는 매우 드문 경우이고, 공부를 잘하지 못하는 것이 학교생활 전반에 영향을 미치는 것이 많은 아이의 현실이다.

대호의 경우는 다행스럽게도 게임 외에 다른 관심사가 있었다. 대호는 당시 TV에 방영중이었던 '쇼미더머니'라는 랩 경연 프로그램을 좋아했다. 대호는 이 프로그램에 출연하는 래퍼들에게 많은 관심이 있었다. 그 즈음 학습클리닉에서 수학은 너무 어렵고 복잡하다는 이유로 하고 싶지 않았던 터라 대호의 관심사인 랩을 하기 위한 영어 공부를 해 보기로 하였다. 대호는 학습클리닉을 시작할 당시 영어 알파벳을 간신히 읽는 정도의 영어 실력을 가지고 있었다. 이런 대호를 위해 내가 처음 한 일은 등교하는 시간에 보았던 영어 간판을 적어 와 함께 뜻을 찾아 보는 것이었다. 우리 주변에는 영어 알파벳으로 적혀 있는 간판, 꼭 영어 알파벳이 아니라도 읽는 소리 그대로 한글 표기로 적어 둔 간판들이 굉장히 많다. 가게의 상호, 음식 이름, 게임이나 인터넷 용어 등 우리는 생각보다 많은 영어를 사용하고 있다. 영어로 된 음식 이름과 영어 간판들도 많은데, '레스토랑(Resterant)'도 무엇을 의미하는지 모르는 아이의 답답함을 생각하니 무척 안타까웠다. 처음에는 많이 어려워했지만, 이후 조금씩 나아지면서 이 가게가 무얼 하는 곳인지, 어떤 뜻인지를 차차 파악하기 시작하더니 시간이 조금 지난 이후에는 뜻을 완벽하게 익힐 수 있었다. 대호와 함께 등굣길 주변의 영어 간판의 뜻을 찾아본 후에는 일상에서 간단하게 사용하고 있는 약자를 알아보기 시작했하였다. 대호는 일상적으로 쓰이는 영어 약자의 뜻과 의미도 몰라 큰 어려움을 겪고 있었기 때문이었다. 광고를 뜻하는 CF, 첫 번째 두 번째 순서를 뜻하는 'NUMBER'의 약자인 'No', 예시를 뜻하는 'ex' 등은 우리 주변에서 흔히 쓰이고 있지만 무엇을 의미하는지 모르는 영어 약어를 모아 함께 알아보기도 했다. 이후 대호에게 더 알고 싶은 영어 단어가 무엇인지 물어보니, 자신이 하는 게임 안에서 쓰이는 영어 용어에 대해서 배우고 싶다고 대답하였다. 대호가 즐겨하는 게임 안에는 감옥을 뜻하는 던전(dungeon), 싸움꾼 또는 사용자를 칭하는 파이터(fighter), 각 직업군을 뜻하는 힐러(healer), 딜러(dealer), 탱커(tanker), 화면에 표시를 하거나 지시를 하는 핑(ping), 적과 아군의 위치가 보이는 맵(map) 등이 흔하게 쓰이고 있었다. 조금씩 영역을 넓혀가던 대호는 중학교 2학년이 되자 'Animals do not make food by themselves.' 등과 같은 짧은 문장도 읽고 쓸 줄 알게 되었고, 영어 수업 시간에도 자지 않고 수업을 듣기에 이르렀다.

영어 수업보다 더욱 시급한 문제는 방과후에 학원을 다니거나 운동을 하지 않는 대호가 집에 가면 게임을 하는 시간이 너무 많은 것이었다. 몸이 날렵하고 운동을 좋아하던 대호에게 하고 싶은 운동이 있는지 물어보았다. 대호의 운동 능력이나 충동적인 성격을 해소해 주기 위해서였다. 대호는 잠시 고민하더니 '달리기'라고 대답했다. 달리다 보면 잡생각이 없어지고 생각이 정리되어 좋다고 하였다. 이러한 이유로 정엽이에 이어 다시 체육 지도자 선생님을 찾게 되었다. 대호의 작은 몸집은 태권도와 같은 운동에 불리하지만, 육상과 같은 운동에서는 매우 유리하게 작용할 것이라고 판단했다. 육상 테스트를 받은 대호는 바로 육상부에 들어가게 되었고 장거리 선수로도 재능이 있다는 칭찬도 들었다.

이후 대호는 방과후에 육상 훈련을 시작하게 되었다.

새로운 관심사가 생긴 대호는 육상에 매진했다. 이루고 싶은 꿈이 생겼고, 희망도 다시 되찾았다. 대호는 희망에 가득 찬 목소리로 내게 말했다.

"국가대표 육상 선수가 되어 세계 대회에 나갈 거예요. 그리고 입상하고, 외국 기자들이 모여 있는 곳에서 영어로 인터뷰를 하고 싶어요. 선생님, 도와주실 거죠?"

마침 외국에서 살다 오신 선생님이 학습종합클리닉센터의 기초학습지원단으로 활동하고 계셨기 때문에 그 선생님과 함께 공부를 할 수 있도록 해 주었다. 기초학습지원단 선생님은 아버지가 멀리 있는 아이에게 공부뿐아니라 아이의 고민과 미래를 함께 고민해 주는 좋은 남자 어른이 역할을 해주셨다. 기초학습지원단 선생님과 대호가 운동과 영어 공부를 병행하면서 완성한 영어 인터뷰 답변이 아직까지 생생하다.

대호가 연습하던 운동장이 내가 일하는 교육지원청의 바로 옆에 있었기 때문에 대호가 운동장에서 운동하는 모습을 자주 볼 수 있었다. 열심히 땀 흘리는 아이의 모습을 지켜보는 것은 내게도 큰 즐거움이었다. 이후 대호는 강원체육고등학교에 진학하는 것을 목표로 잡고 부단히 노력했다. 밤새 컴퓨터 게임을 하고 수업시간에는 엎드려 잠을 자거나 멍하니 시간을 때우던 아이가 희망을 품기 시작했고, 미래에 대한 자신만의 꿈도 꾸기 시작했다. 1지망이었던 강원체육고등학교에는 아쉽게도 진학하지 못했지만 육상부가 있는 다른 고등학교로 진학하면서 나와 자연스럽게 연락이 끊어졌다. 그동안 감사했다는 인사만을 남기고 다른 지역으로 진학하여 안부가 늘 궁금했던 대호가 어엿한 어른이 되어 군입대 준비를 하는 씩씩한 청년으로 나타난 것이다.

학습종합클리닉센터에서는 다양한 어려움을 지니고 있는 아이들을 많이 만난다. 이 세상에는 똑같은 사연을 가진 아이는 존재하지 않는다. 각자 나름의 이유가 있고, 그 이유는 아이의 성격으로 드러난다. 방황하는 아이를 처음 마주할 때면, 꼭 대화를 하지 않더라도 아이의 불안함과 불안정한 마음이 고스란히 전해진다. 다양한 각각의 이유로 춥고 어두운 겨울밤을 혼자 견뎌내고 있는 것 같은 모습이 안타깝기만 하다. 학교는 아이들이 속한 사회이다. 그 안에서의 아이들의 학습 문제는 그 자체로 전부가 아니다. 아이들이 가지고 있는 학습 문제 안에는 친구나 선생님과의 관계, 그 안에서 겪는 아이들의 정서를 모두 포함하고 있고 그것이 학습의 문제로 반영된다. 우리 센터의 이름 안에 '종합'이 포함된 것도 이런 문제를 모두 아우른다는 의미가 포함되어 있다. 아직 어른의 보호를 받아야 하고 큰 희망을 품은 채 달려 나가야 할 어린 새싹들에게 희망을 안겨 주는 것, 그 아이만이 가지고 있는 강점과 장점을 찾도록 해 주는 것, 그 아이가 속해 있는 학교라는 사회에서 긍정적이고 즐거운 마음으로 자신의 미래를 꿈꾸기도 하고, 그 꿈을 위해 박차고 일어서려 할 때 필요한 학습을 함께 하고 아낌 없는 응원을 주기도 하며 곁을 지키는 좋은 어른이 되어 주는 것이 나의 사명이자 소명이라고 생각하며 아이들을 만난다.

도움이 필요한 아이들을 만나는 일은 '보람'이라는 값진 보상을 받기는 하지만, 대체로 소진되고 무기력하게 느껴지는 날들의 연속이다. 소진되어 지쳐갈 때는 다이어리 앞장에 써 둔 기도문으로 지친 나를 다잡는다. '진심으로 최선을 다해 사는 오늘이 기도가 되길... 숨쉬는 순간 순간. 그것이 기도가 되어 기적을 일구는 작은 힘이 되길...'

나의 정년은 60세가 아니다. 퉁퉁거리고 봐 달라고 어깃장 놓는 아이들의 거친 행동 아래 가려진 연한 마음을 외면하고 싶어질 때, 어려움을 호소하는 아이들의 눈빛에 아무 것도 해줄게 없다고 느껴지는 때... 그런 때가 온다면 그 때가 내 일의 정년일 것이다.

입대를 앞둔 아름다운 청년 대호의 소식을 들으니 연락이 끊어진 다른 아이들의 소식도 궁금해진다. 얘들아, 다들 잘 지내고 있지?

다음은 영월지역 사설 신문에 실린 중학교 2학년 대호의 글이다.

꿈은 이루어진다

안녕하세요. 저는 영월중학교 2학년 오대호입니다. 오대팔이라고도 합니다. 누가 붙여준 별명인지는 모르지만 그냥 사용하게 되었습니다. 저는 육상선수입니다. 제 꿈은 물론 마라톤 올림픽 금메달리스트입니다. 그러나 지금의 최고 기록은 강원도 체전 400m 개인 은메달입니다. 저는 얼마전 '황영조의 마라톤 스쿨'이라는 책을 읽었습니다. 그 책을 보고 "아! 나는 아직 멀었구나."라고 생각했지만, 더 열심히 해야겠다는 투지도 생겼습니다.

저는 케냐에 가고 싶습니다. 왜냐하면 케냐에는 훌륭한 마라톤 선수들이 많기 때문입니다. 그 선수들을 만나 배우고 싶습니다. 그러나 돈도 많이 들고 영어도 잘 못해서 걱정입니다. 케냐는 가난하지만 좋은 나라인 것 같습니다. 왜냐하면 그 나라의 '표어?'는 "함께 일을 합시다."입니다. 우리나라의 '표어'는 무엇인지 모르겠습니다. 또 케냐의 대표적인 음식 '나마쵸마'도 먹고 싶습니다. 이 음식은 각종 고기를 꼬치를 꽂아 숯불에 구운 것을 말합니다. 어떻게 그렇게 케냐를 잘 아느냐구요? 케냐에 가고 싶으면 케냐에 대해 알아야 한다고 선생님이 말씀하셔서 인터넷을 뒤져 봤습니다.

우리 아빠는 부산에 계십니다. 저에게 전화를 하실 때마다 "꿈은 이루어진다."라고 말씀하십니다. 제 꿈은 이루기가 무척 어렵습니다. 그래서 지금 이루어야 할 목표부터 정하기로 했습니다. 첫 번째가 강원체고에 진학하는 것입니다. 이것도 쉽지 않지만, 10월에 열리는 육상 경기에서 1등을 하고, 계속 좋은 기록을 유지하면 1차 목표는 달성할 거라 생각합니다. 두 번째 목표는 케냐에 가는 것입니다. 이것도 매우 어려울 거라 생각합니다. 그래서 먼저 케냐에 대해 공부하는 것으로 시작하려 합니다. 저는 "꿈은 이루어진다."라는 말을 믿고 싶습니다. 그리고 제가 좋아하는 육상을 열심히 하겠습니다. 여러분의 꿈은 무엇인가요?

천천히 배우는 아이들에게
빠르게 다가서기

관계 속에서 자신의 보물을 발견하는
힘을 돕다

장지순
(前 춘천교육지원청 학습클리닉전문가)

GOGO프로젝트
'두드리go, 발구르go, 노래하go'

두드리go

두둥 둥 둥 둥….

북과 스틱이 부딪히는 소리가 나기 시작했다. 이 소리는 점점 절정을 향해 나아가고 있었다. 그때 스틱 하나가 무대 바닥으로 굴러떨어졌다. 관객들은 모두 숨을 죽였다. 목구멍에서 침이 넘어가는 소리가 들릴 정도로 주위가 조용해졌다. 그때 "뚜벅뚜벅" 소리를 내면서 난희(가명)가 걸어 나오고 있다. 그리고는 자신이 놓쳐버린 스틱을 잡아 성큼성큼 제자리로 돌아가 아무 일 없다는 듯이 친구들과 함께 연주에 합류하였다. 우리는 공연을 무사히 마친 난희에게 큰 박수를 보냈다. 스틱이 바닥에 떨어지는 순간, 얼마나 놀랐을까? 함께 공연하던 친구들은 이런 상황에 어떻게 대처해야 할지 몰라 무척 당황했지만, 공연을 무사히 마치기 위해 최선을 다 했다. 실수에 당황하지 않고 차분하게 대처하는 모습을 보니 가슴에서 뜨거운 무언가가 올라왔다. 친구들은 공연이 끝난 후 환하게 웃으며 무대를 내려왔다.

내가 난희를 처음 만난 것은 중학교 1학년 때였다. 그 당시 난희는 잔뜩 위축되어 있었다. 수학 평가 점수가 현저하게 낮았고 심리적으로도 불안정했다. 수업을 통해 나와 친해지자 '엄마가 몇 번의 결혼을 했다.', '8살 이상 차이나는 언니가 있다.', '가족 간 대화는 전혀 이루어지고 있지 않다.' 등 가정 상황을 본인 스스로 말하였다. 우리는 만남을 이어나갔다. 나는 우선 난희의 심리적인 안정에 중점을 두었다. 난희의 마음속에는 환경에 따른 학습 무기력증과 우울함이 깊이 자리하고 있었기 때문이다. 몇 개월이 지난 후 서로 친숙해질 무렵 친구들과 함께하는 집단 프로그램을 권했다. 난타는 심장을 두드리는 소리를 갖고 있어서 스트레스를 해소하는 데도 좋지만, 한두 시간만 연습하고 나면 잡념이 사라지고 자신에게 집중할 수 있는 훌륭한 도구이기 때문이다. 난희는 늘 먼저 도착해 친구들을 기다렸고 다른 아이들을 리드하는 모습까지 보여 주었다.

난타를 배우는 학생들은 초등학교부터 중학교 3학년까지 다양한 학년 층으로 이루어져 있다. 처음에는 서로 마음도 맞지 않고 실력 차가 나서 힘들어했지만, 난희가 실력이 부족한 동생들을 가르쳐 주는 모습을 보자 서로 마음을 열게 되었다. 단체 카톡을 만들어 서로를 격려하는 한편, 동생들과 친구들이 중간에 포기하지 않도록 다독이는 등 세심한 데까지 신경 썼다. '삶은 꿈꾸는 자의 것'이라고 했던가?

난타 선생님 역시 좋은 분이셨다. 이 선생님의 가장 좋은 점은 '따뜻한 마음'과 '열린 시선'이었다. 이 분에게는 다른 선생님들에게서 찾아보기 힘든 무엇인가가 있었다. 자존감을 높여 주기 위해 모두에게 많은 사랑을 베풀었고 따뜻한 눈길과 뛰어난 기술로 아이들 한 명 한 명의 마음에 작은 희망을 심어 주고 있었다. 그래서인지 아이들은 연습에 더욱 열심히 참여하였고, 자신들의 친구 이야기, 가족 이야기들을 서로 나누며 자신들을 조금씩 성장시키고 있었다. 다음은 난희가 공연을 앞두고 단체 카톡방에 올린 글이다.

> ※ 11월 21일 목요일 난타, 탭댄스, 같이 연습 시간 그대로!
> ※ 11월 22일 금요일 발표회
>   학교 갔다가 1시에 나오기!
> ※ 11월 23일 토요일 봉사 활동
>   10시까지 모이기

"발표회가 담주니까 정신 차리고 빡세게 연습하자! 담주 목요일에 틀리는 사람 남아서 연습하고 가자. 시간 얼마 안 남았으니까 집에서 많이 연습하고 오기! 다들 홧팅! 얼마 안 남았다!"

이렇게 난희는 친구와 동생들을 독려하며 무대에 섰고 무대의 중심에서 화려한 공연을 시작하였다. 이 과정에서 자신의 의도치 않은 실수를 스스로 만회하고 놀라운 집중력과 상황 판단력으로 공연을 성공적으로 끝마쳤다. 서로 얼싸안고 좋아하는 모습을 보면서 관객들도 눈물을 흘렸다. 난희는 실수로 떨어뜨린 스틱을 집으러 갔던 스스로의 행동을 되돌아보며 자랑스러워했다. 인간은 누구나 실수를 하게 마련이다. 실수를 극복하는 것이야말로 자신의 인생을 건강하고 풍요롭게 만들어 주는 영양제라고 할 수 있다.

우리가 또 다시 봉사 활동을 나간 장소는 '참사랑의 집'이라는 시각 장애인 거주 시설이었다. 아이들은 대형 버스에 북을 싣고 의상을 입은 채 봉사 장소로 출발하였다. 자신들의 북을 챙긴 후 두 번째 무대에 올랐다. 이 장면은 정말 감동스러웠다. '공부 앞에서 위축되어 있던 그 아이들 맞아?' 하는 의문이 들 정도로 모든 아이의 얼굴은 자신감으로 가득 차 있었다. 시각 장애인들은 작은 소리 하나하나에 집중하며 친구들의 공연에 귀를 기울이고 있었다. 공연이 끝나자 시각장애인들은 큰 소리로 "앵콜"을 외쳤고 아이들은 이에 답하였다. 동기 부여, 작은 성공 경험, 실수 만회, 공연의 환희 등은 난희의 삶을 바꾸는 터닝포인트가 되었다.

발구르go

서플, 플램, 크램프롤은 탭댄스의 용어들이다. 무대에 조명이 켜지고 흰색 와이셔츠와 검은색 재킷을 입은 친구들이 차례대로 등장해 그동안 배운 아기상어 노래에 맞춰 탭댄스를 추고 있다. 친구들 중 몸집이 가장 큰 대한(가명)이는 땀을 뻘뻘 흘리며 춤을 추고 있다. 작년과는 비교가 되지 않을 정도로 어깨에 힘이 들어가 있고 자신감이 넘친다.

대한이는 학습과 대인 관계에 어려움을 겪고 있는 친구이다. 국어와 수학 사전 검사에서 모두 보통 이하의 수준을 보여 학습종합클리닉센터의 도움을 받고 있다. 도시에서 약간 벗어나 있어서 그런지 반 전체 아이들이 모두 순수하다. 하지만 학습에 어려움을 겪으면서 자존감이 바닥을 치기 시작하자 친구 관계에서도 어려움을 겪는 상황이 연출되고 있었다. 학습이 어려워지자 수업에 집중하는 것이 힘이 들었고, 노는 시간에도 친구들과 자연스럽게 어울리지 못했다. 혼자서 공부하기는 싫고, 다른 친구들에게 공부하러 가자고 말하기도 힘들다고 하였다. 이 문제를 해결하는 방법 중 하나가 학습과 대인 관계에 어려움을 겪고 있는 친구 3명이 함께하는 것이다. 하지만 고학년이기 때문에 심리·정서에만 집중할 수는 없었다. 한 가지 다행인 것은 이 친구들 중 학습에만 어려움을 겪고 있고, 성격이 활발하고 자신감이 넘치는 친구가 포함되어 있다는 것이다. 이 세 명은 서로를 의지하면서 열심히 참여하였다. 이 세 명은 자기주도학습과 집단 프로그램에 함께 참여하는 것으로 목표를 설정하였다. 집단 프로그램의 장점은 비슷한 처지에 있는 친구들이 서로에게 힘이 될 수 있다는 것이다. 나도 이 친구들과 함께하는 시간이 즐겁고 행복했다. 3달이 넘자 수 개념이 어느정도 잡히게 되었지만, 집중력이 현저하게 떨어져 아는 것도 틀리는 상황이 계속 되었다. 숫자 3개 보고 읽기와 안 보고 외우기, 3개, 4개, …, 10개까지의 숫자 읽기와 외우기 수업을 진행하자 집중력이 눈에 띄게 좋아졌다. 공부에 재미가 붙자 자존감이 높아지고 수업 참여도도 좋아졌다. 대한이는 스쿨버스를 타고 한참을 가야 하는 시골에서 학교에 다니고 있다. 대한이는 다문화 가정의 학생으로, 아버지와 어머니의 나이차가 16살 이상난다. 주거 환경이 열악한 탓인지 마음이 많이 위축되어 있고, 마음속에 분노와 불만이 가득 차 있다. 단지 학교와 집을 오가면서 무기력한 생활을 하고 있다. 대한이를 비롯한 3명은 1년 동안 함께 생활하면서 형제나 다름없는 사이가 되었다. 탭댄스를 잘하게 되자 자신감이 생겼다. 학교 관계자와 상의하여 학예회에 탭댄스 공연을 포함시키는 데도 중요한 역할을 하였다. 그 결과, 학예회에서 많은 박수를 받았다. 중학교 1학년이 되어서도 탭댄스 수업과 공연은 계속 되었다. 대한이는 탭댄스를 통해 자신의 열정을 발휘할 수 있었고, 친구들의 우정과 사랑을 통해 따뜻함을 배우고 느꼈다. 이제는 선생님을 대신해 어린 동생들

에게 춤 연습도 시킨다. 오늘도 대한이는 탭댄스를 통해 자기 효능감을
이미 높이고 있다.

노래하go

그대 모습은 보라빛처럼

살며시 다가왔지

예쁜 두 눈에 향기가 어려

잊을 수가 없었네

언제나 우리 웃을수 있는

아름다운 얘기들을 만들어 가요

– (중략) –

길을 걷다

마주치는 많은 사람들 중에

그대 나에게

사랑을 건네 준 사람

공연장에 박수 소리와 환호성이 울려 퍼졌다 두 갈래로 머리를 묶고,
주름치마를 입은 아은(가명)이는 두 손을 허리에 올리고 엉덩이를 오른

쪽 왼쪽으로 씰룩거리며 노래에 심취해 있다. 아은이는 난산증을 앓고 있고 말더듬이 심한 학생이다. 6학년인데도 2자리 수 더하기를 하지 못한다. 말을 심하게 더듬어 듣는 사람이 인내심을 가지고 기다려야 한다. 그런 아은이가 '보랏빛 향기'라는 노래를 끝까지 부른 것이다. 물론 떨지도 더듬지도 않고 말이다. 우리는 모두 울었다. 아은이의 부모님도 울고 관객도 울었다.

춘천학습종합클리닉센터에서는 아은이에게 많은 기회를 주었다. 코로나19가 발생한 2020년에도 집단 프로그램을 쉬지 않았다. 발표회는 코로나19의 확산으로 인해 영상으로 대체하였다. 이때 아은이는 대학생 기초학습지원단과 함께 사회를 맡았다. 실수에 대비하기 위해 대학생과 함께 사회를 보도록 하였지만 거울을 보고 계속 연습한 덕분인지 대학생 기초학습지원단 보다 열정적으로 사회를 보았다. 아은이가 얼마나 많은 연습을 했는지 얼굴이 아주 잘 익은 홍옥 사과와 같았다. 1년 후에는 보컬에 도전하였다. 공연 시 가사를 더듬지도, 잊어버리지도 않고 리듬과 율동까지 곁들여 관람객들을 눈물짓게 만들었다.

집단 프로그램을 통해 우리 아이들이 얼마나 잘할 수 있는지, 잘하려고 애쓰는지 분명하게 알 수 있었다. 내재되어 있는 꿈과 끼가 서로 다를 뿐, 기다림과 맞춤형 지원이 반드시 필요하다는 것을 느낀다.

인간은 늘 자신에게 만족하고 타인에게 자신을 돋보이고 싶어한다. 우리 아이들도 마찬가지이다. 지금까지 마술, 요들송, 난타, 통기타, 탭댄스, 보컬 등을 함께하면서 아이들이 얼마나 성장하는지를 눈으로 지켜보았다. 소중한 우리 아이들이 어떠한 상황에서라도 자신을 사랑하기 바라며 그동안 함께했던 많은 학생의 건승을 빈다.

도구의 마술이 마음의 마술로 살아나다
2017 춘사수필상수상작

장지순

캄캄한 무대에 조용한 긴장감이 흐르고 있다. 정적을 깨는 신나는 음악을 따라 하얀 연기가 스멀스멀 춤을 추며 무대 위로 기어오른다. 그 뒤로 뚜벅뚜벅 걸어 나오는 발그스름한 얼굴의 준연(가명)이가 보인다. 수줍음 많던 평소 모습과 달리 상기된 볼에는 뻔뻔함이 엿보인다. 기다란 팔을 좌우로 몇 번 휘젓더니 흐느적거리는 줄에 기를 불어 넣는다며 관객들을 향해 팔을 뻗는다. 그런 다음 자신의 코 기름을 바른다. 여기저기서 관객들의 키득거리는 웃음소리와 대견하다는 격려의 탄성이 터져 나왔다. 1분의 짧은 공연이 끝나고 학생의 이마에는 땀방울이 반짝이고 있었다. 보일 듯 말 듯 한 미소와 함께

배움이 느려 천천히 가고 있는 학생들이 중심인 학습종합클리닉센터는

사람의 관계망 속에서 자신의 소중함을 깨닫고 정서적 안정감과 자존감을 높여 자신을 사랑할 수 있는 사람으로의 변화에 목표를 두고 운영하고 있다. 배움이 느린 친구들은 중학생인데도 학습 수준은 초등 4, 5학년에 머물러 있는 경우가 많다. 누적된 학습 결손으로 학교생활에서 소외되어 있거나 또래 관계망에서 힘들어 하는 경우 또한 많다. 이는 가정 내에서 보살핌을 받지 못하고 심리적 불안감이 연속되는 악순환의 결과가 만들어 낸 산물이다.

학습 결손은 비단 학습뿐 아니라 자존감에도 커다란 영향을 미치고 있다. 센터에서는 위축되어 있는 자존감을 회복시키고 동기 부여를 통한 성취 경험을 만들어 주기 위하여 맞춤형의 다양한 프로그램을 기획, 운영하여 오고 있다. 이번 마술 공연도 위축되어 있는 가슴에 작은 희망의 불씨를 되살려 주자는 취지에서 기획, 실행되었다. 심리적으로 불안하고 내적으로도 위축되어 있는 학생들이 대중 앞에서 발표를 한다는 것은 매우 중요하며 의미 있는 행동이라 생각되었다.

6월에 처음 시작된 마술 교육 시간에 우리 학생들이 집중력과 끈기가 없을 것이라는 편견을 깨고 2시간이 어떻게 지나가는지 모를 정도로 몰입하던 모습이 아직도 선명하다. 60년 만의 더위라는 폭염 속에서도 학생들은 한 명의 낙오자도 없이 마술의 마력에 빠져들었다. 마술 교육생은 다문화 가정의 학생, 중국에서 전학 와 언어 소통으로 힘들어

하는 학생, 가정에서 돌봄이 안 되는 학생 등 다양한 사연을 지니고 있었다.

관객과 호흡하며 자신이 가장 잘하는 카드 마술을 발표하던 다문화 학생은 아버지의 지극한 사랑이 아이를 키우고 있는 경우라고 할 수 있다. 아이의 엄마는 한국에 시집와서 문화적인 차이를 극복하지 못하고 우울증에 시달리고 있음에도 불구하고 아빠의 지극한 사랑에 대한 보답으로 일궈낸 1분 같아서 보기만 해도 가슴이 먹먹하고 찡했다.

다양한 색깔의 작은 손수건을 흔들고 기를 불어 넣으면 손수건이 꽃이 되는 마술을 선보였던 중국에서 전학 온 학생은 중학생인데, 아직까지도 언어 소통이 안 되어 학교에서 입을 다물고 있는 외톨이형 학생이다. 이 아이는 여러 가지 마술을 배우면서 언어의 소통이 아닌 행동의 소통을 통해 자신의 자리를 조금씩 찾아 나가고 있다. 존재감 없던 모습은 사라지고 친구들 앞에서 자랑스럽게 마술을 하고 친구들에게 가르쳐 주기도 하면서 자연스럽게 친구들 속으로 녹아들어가고 있었다.

노란 풍선을 불어 옆의 친구에게 주면서 손가락 총을 날리면 "빵" 소리와 함께 비둘기로 변하는 마술 공연을 했던 학생은 부모님의 이혼으로 심리적 정서 불안이 쌓이면서 함묵증이라는 장애를 앓고 있었다. 이 친구가 환하게 웃으며 마술 공연을 하던 모습을 떠올리면 지금도 가슴은 뜨거워지고 눈가에는 이슬이 맺힌다.

공연을 마친 친구들이 맨 앞에 앉아 다른 친구들의 공연을 보고 환호를 보내는 모습을 보면서 교육 마술의 연습 시간은 매우 **짧**았지만 아이들의 마음은 많이 자랐구나 하는 생각을 했다.

도구의 마술은 이렇게 학생들의 작고 여린 가슴이 살아 있도록 해 주는 매직이 되었고, 남에게 보이지 않는 속임으로 기쁨을 전달하던 도구 마술은 가슴을 움직이는 사랑의 매직으로 승화되어 있었다. 마술 교육은 이 사회를 구성하는 구성원으로 자라 날 수 있는 좋은 계기를 마련해 주었으며, 또 다른 마술로 살아나서 그들을 사랑의 매신저로 부활하는 매직으로 남게 될 것이다. 1분의 마술은 아이들에게 학교로 통하는 문이 되었을 뿐 아니라 스스로 자존감을 높이고 당당한 구성원으로서의 역할도 수행하는 놀라운 매직이었다. 마술은 우리를 변화시키는 매직이었다.

III

학습종합클리닉센터의
이야기

돌멩이와 나무

손은주
(강릉교육지원청 학습클리닉전문가)

수업하기 위해 학생을 기다리고 있는데 한 학생이 뛰어왔다.

"선생님, 잠시 눈을 감아 보세요. 제가 선물을 드릴게요." 하더니 내 손을 잡아 펴고 그 위에 까맣고 동그란 돌멩이 하나를 올려놓고는 배시시 웃었다.

"선생님, 너무 예쁘죠! 제가 수업하러 오다가 너무 예뻐서 주워 왔어요."

이 학생은 길가에 떨어져 있는 나뭇잎 하나, 열매 한 개를 무심코 넘기지 못하고 하나하나 유심히 쳐다보다가 주워 오곤 한다. 이 학생의 마음이 너무 예뻐서 싫다는 얘기도 못 하고 그 자리에서 고맙다고 얘기한 후 가져와 나뭇잎은 책 속에 넣어 두고 돌멩이는 책꽂이 위에 올려놓았다. 우리 주변에서 흔히 볼 수 있는 돌멩이인데, 그날따라 그 학생의 눈에는 돌멩이가 너무 예뻐 보였나 보다. 우리 가족 중 누군가 그것을 보고 쓰레기통에 버린 것을 다시 꺼내 책꽂이 위에 올려놓고 한참 동안 바라보았다. 그리고는 내가 가르치는 학생에게 선물을 받았다고 자랑했다.

내가 가르치는 아이들 중에는 감정을 잘 표현하지 못하는 아이들이 많다. 부모가 방임하거나 한부모 가정, 조손 가정, 다문화 가정, 다자녀 가정 등이 많아서 삶이 치열하다. 좋으면 좋다, 싫으면 싫다라고 말할 수 있는 환경에서 자란 학생들이 그리 많지 않아서 일 것이다. 그래서인지 이렇게 "선생님 드리려고 가져왔어요."라고 말하며 함박웃음을 짓는 아이의 모습이 더욱 사랑스럽게 느껴진다.

이렇게 예쁜 아이들이 아프고 힘들다는 신호를 보내고 있는데 어떻게 그냥 보고만 있을 수 있을까? 너무 적극적인 개입도, 방임도 아닌 적정선의 개입은 어렵다. 많은 부모님이 자식을 키우는 일은 너무 어렵다고 한다. 그래서인지 예전 나의 엄마가 "너도 너랑 똑같은 딸을 한번 낳아서 길러봐! 그래야 힘든 걸 알지!" 하고 말씀하시던 것이 생각난다. 그때는 엄마의 모든 말씀이 왜 그렇게 잔소리처럼 들렸는지, 그리고 엄마의 말씀이 왜 그렇게 듣기 싫었는지 다 잘되라고 하는 소리였는데…. 그 당시에는 엄마의 말씀이 크게 와 닿지 않았고 왜 공부하라는 잔소리를 하는지, 왜 모든 것이 그렇게 중요한 것인지를 생각조차 하지 못했다. 그때는 가족보다 친구가 좋았고, 교과서보다 소설책이 좋았다. 방에 들어가 공부하라고 소리를 지르며 새벽 3시가 넘도록 잠을 자지 못하게 공부하려고 방문을 열었다 닫았다 하며 졸고 앉아 있는 엄마가 미웠다. 지금 와서 생각해 보면 엄마는 자신이 공부하지 못한 한을 우리에게 투영한 것이 아닐까 하는 생각이 든다. 그것도 자식 잘되라고 하는 데서 비롯된 잘못된 관심이자 부담이었을 것이라는 생각이 든다.

지금 엄마의 나이가 되어 보니 엄마의 마음이 조금은 이해가 된다. 얼마나 힘들었을까? 공부한다고 말을 듣지 않는 자식을 바라보는 엄마의 마음이 얼마나 힘들었을지 이제야 조금 이해가 된다.

그때 방문 앞을 지키던 우리 엄마의 마음은 매년 초 학습클리닉을 신청하면서 보내온 담임 선생님의 안내문과 꼭 신청하라는 전화에 불편함을 느꼈을 부모님의 마음과 학습클리닉신청서에 있는 학부모님 작성란 안의 신청 사유란에 글자를 꾹꾹 눌러 쓰며 느꼈을 '자식에 대한 실망감 또는 자신에 대한 죄책감'과 같았을 것이다. 신청 사유란에는 대체로 '우리 아이는 머리가 참 좋은데 공부를 잘 안 해요.', '공부하는 데 집중을 잘 못 해서 너무 오래 걸려요.', '너무 산만해요.', '우리 아이는 기억력이 안 좋아요.', '우리 아이는 공부를 안 해서 그러는데, 조금만 도와주면 공부를 잘할 수 있을 거예요.'와 같은 글귀가 쓰여 있다. 오히려 공란으로 남은 신청 사유란이 무심한 학부모님의 마음을 대변하는 것처럼 보이는 것은 왜인지 모르겠다.

한편 담임 선생님 작성란 안의 신청 사유란에는 조금 다른 의견이 쓰여 있다.

'학습클리닉에서 조금만 도와주면 금방 좋아지리라 생각되어 신청합니다. 모음 5자만 알고 있습니다.', '수업 시간에는 적응을 잘 못하고 쉬는 시간에만 친구들과 잘 떠들고 놉니다. 학습은 단모음과 자음만 알고 있습니다.'

'이 학생은 산만하고 외부 자극에 쉽게 흐트러집니다. 그래서 수업 시간에 집중을 잘 못하고 수학에서 실수가 많습니다. 특히 받아내림과 받아올림 계산을 할 때 실수를 많이 합니다.', '친구들과 다툼이 많습니다. 고집이 세고 거짓말을 많이 합니다. 이해력이 부족합니다.'
부모님의 의견과 달리 좀 더 객관적이다. 많은 시간 학생들과 함께 생활하고 관찰하다 보니 부모님보다는 좀 더 객관적인 판단이 가능하기 때문일 것이다.

학습클리닉전문가들은 이 2개의 신청 사유란 의견을 바탕으로 진단 검사의 종류 중 필수 검사와 선택 검사지를 고민한다. 그런 다음 방문 약속을 정하고 학습클리닉 진단검사를 하러 나가 학생들을 만난다. 학생들의 반응은 각양각색이다.

"선생님, 누구예요?"

"뭐 하러 왔어요?"

"공부할 거예요?"

"저 빨리 가야 해요."

"뭐 할 거예요?"

"저 학원가야 하는데요."

"방과후 가야 해요.",

"저 집에 가야 해요. 엄마가 빨리 오라고 했어요."

"어려운 거예요?"

"하기 싫어요."

"놀고 싶어요. 안 할 거예요."

이런 학생과 일대일로 조용한 곳에 앉아 몇 가지 필수 검사와 선택 검사를 진행한다. 그 검사 결과에 따라 학생을 선별하여 학습 결손이 있는 학생들에게 기초학습지원단과 함께 학습 지원을 하고, 복합 증상이 있는 학생들에게는 기초학습치료지원단과 함께 심리·정서 지원을 한다. 기초학습지원단의 목적은 학습 지도이지만, 기초학습 치료지원단의 목적은 학생들이 학교생활을 잘할 수 있도록 도와주는 것이다. 하지만 이 모든 것의 목적은 기초학습 능력의 향상으로, 하루아침에 이루어지는 것이 아니기 때문에 많은 시간이 필요하다.

10년 전 학습클리닉을 처음 시작할 때의 나의 마음은 방문 앞을 지키고 있던 우리 엄마의 마음과 같았나 보다.

'아이들의 입장에서 한 번 더 생각하고 아이들의 입장에서 한 번 더 행동해야지.'라는 생각으로 아이들을 만나지만, 결국은 조금만 더 하면 될 것 같은 아이들에게는 공부하라고 강요했고, 조금만 더 해도 안 될 것 같은 아이들에게는 더 열심히 하라고 채찍질도 했다. 학습클리닉 대상 학생들이 어떤 학생들인지 파악조차 제대로 하지 못하고 아이들의 마음을 어루만지기보다는 무작정 열심히만 하면 된다고 생각했던 것 같다. 학부모님들도 이와 마찬가지인 것 같다. 아이들의 마음을 이해하기보다는 아이들에게 무작정 "해", "안 돼"와 같은 부정적인 말과 사랑이라는 말로 강요 아닌 강요를 하고 있었다는 생각이 든다. 아이들도 힘든 것이 있었을 텐데, 아이들도 어려움이 있었을 텐데 그것을 알아 주지 않고 무작정 "그냥 해! 하면 돼!"라는 말로 강요하고 있었으니 아이도 힘들고 부모님들도 힘들었을 것이다.

시간이 지나고 지식과 경력이 쌓이면서 학습클리닉 대상 학생들에게 가장 중요한 것은 정확한 진단이라는 생각이 든다. 정확히 진단하고 진단 결과에 따라 원인을 찾아 해결해 주어야 해당 학생에게 맞는 맞춤형 지도가 되고, 적절한 처방과 지도가 되기 때문이다. 10년 동안 기억에 남는 몇 가지 에피소드를 소개한다.

첫째, 한 가정에 가장 많은 지원을 했던 일이다. 학습클리닉을 신청한 학생을 만나서 학교로 갔는데, 학교 주차장에 차를 세우자마자 학교 보안관님께서 쫓아 오셨다. 어디서 왔냐고 물어보셔서 학습클리닉에서 왔다고 하자 학생의 행적을 모두 말씀해 주셨다. 그 학생이 학교 옥상에 올라가서 뛰어다녀서 학교 보안관 아저씨께서 혼내신 일, 수업을 하다 말고 학교 정문 밖으로 뛰어나가 잡으러 다닌 일, 공부하기 싫고 선생님이 싫다며 자해를 하는 학생을 말리던 일, 친구들과 싸우다가 학교 유리창을 깬 일 등 수없이 많은 일을 저지른 학생을 어떻게 해 달라고 말씀하시며, 언제부터 나올 거냐고 계속 물어보신다. 일단 그 학생을 만나보고 나서 답을 드리겠다는 나의 대답에 한숨을 쉬시는 학교 보안관 아저씨를 뒤로 한 채 학생을 만나러 갔는데 첫 만남부터 욕을 하며 의자를 걷어차더니 "왜 왔어요? 그냥 가요. 너희 뭐야? 다 싫어." 하며 소리를 지르기 시작한다. 학생을 진정시키기 위해 가만히 앉아 있는데 갑자기 서러움이 몰려왔다. '내가 왜 여기 와서 학생에게 욕을 먹고 있을까?'라는 생각이 들면서 눈물이 났다. 한편으로는 저렇게 행동할 수밖에 없는 학생이 불쌍하기도 했다. 학생이 조금 진정하자 "선생님, 가요. 얘기하기 싫어요."라며 모든 것을 거부하는 아이를 설득한 후 담임 선생님과 상담 선생님으로부터 그 아이에 관한 이야기를 전해 듣는다. 가정환경, 교우 관계, 형제 관계 등과 같은 복합적인 문제를 우리의 힘만으로는 해결할 수 없으므로 통합 사례 대상 학생으로 지정하여 교육지원청과 지역 사회, 학교에서 함께 지원했던 사례였다. 학습클리닉에서는 학습, 교육 복지에서는 학생의 생활, Wee센터에서는 심리적인 부분, 지역 사회에서는 가정, 학교에서는 학생의 전반적인 부분을 돌보면서 모두가 한마음 한뜻으로 그 학생과 가정을 지원했다. 이런 사례는 계속 나오고 있는데, 가정은 변화되지 않고 학교와 기관의 힘만으로는 변화가 힘들다는 것을 보여 준 예라서 참으로 안타깝다.

지금도 여전히 마음이 아프고 힘든 아이들이 많다. 비학습적인 문제가 학습 문제로까지 이어져 가정, 학교, 교우 관계까지 힘들어하는 학생들이 많다. 이 문제는 어느 한 사람만의 문제가 아니며, 어느 한쪽이 해결한다고 해결할 수 있는 문제가 아니다. 서로가 이해하고 배려하고 양보

해야만 해결할 수 있는 실마리를 찾을 수 있는 문제라고 생각한다. 지금 우리가 할 일은 우리가 할 수 있는 문제부터 차근차근 풀어 나가는 것이라고 생각한다.

둘째, 다양한 프로그램을 진행했던 일이다. 지난 10년 동안 자존감 향상 자신감 회복 캠프, 학습 동기 향상 프로그램, 사제 동행 프로그램, 행동 치료 캠프 등 수많은 프로그램을 진행했다. 큰 효과를 본 프로그램도 있었고 그렇지 않은 프로그램도 있었지만 가장 중요한 것은 효과가 유지되기 어렵다는 것이다. 학부모님, 학생, 담임 선생님 모두가 주체가 되고 그 모두가 변화하려고 해야 효과가 길게 유지 될 수 있을 것 같은데, 이 세 그룹의 대상을 모으는 것도 힘들고 평소에 갖고 있는 생각을 바꾸는 것조차 힘들다. 하지만 큰 바위도 두드리면 깨지듯이 학습 클리닉신청 학생들 중 가장 많은 증상을 호소하고 있고 학교나 학부모님께서 힘들어하는 학생들을 모아 프로그램을 진행하기로 하고 2017년부터 프로그램을 꾸준히 진행해 왔다. 이 중 가장 많은 비중을 차지하는 것이 산만하고 집중력과 기억력이 부족하며 이해력이 부족한 아이들, 한 자리에 앉아 있지 못하고 잠시도 가만히 있지 못하며 쉼 없이 말하는 아이들이다.
한글은 '구', '오'라는 두 글자만 알고 다른 글자는 알고 싶지 않다며 교실 바닥에 드러눕는 복길이, 비가 오는 것이 좋다며 수업 시간과 쉬는 시간을 구별하지 못하고 뛰어다니는 철수, 친구들의 수업을 방해하거나 짜증을 내며 소리를 지르는 영희, 의자에 앉아 있지 못하고 수업 시간 내내 돌아다니면서 친구들의 일에 참견하는 선희, 숫자는 잘 계산하면서 한글은 기역도 모르는 중일이, 방금 배운 것을 돌아서면 잊어버리는 원무, 한글은 하나도 모르지만 성격은 엄청 좋은 우리 유선이 등 증상이 모두 다른데도 그냥 열심히 붙잡고 공부만 열심히 가르쳤건만 여전히 좋아지거나 나아지는 것은 하나도 없고, 제자리걸음을 하는 친구들을 보면 마음이 아파온다.

정확한 진단을 하고 싶어 부모님께 병원 진료를 말씀드리면 오히려 화를 내면서 나이를 먹으면 나아질 거라고 말씀하시는 부모님들을 대상으로 제대로 된 진단 검사와 상담을 통해 학생들의 증상을 제대로 전달해 드리고 학교에서의 모습도 함께 나눔은 물론, 그동안 힘들었을 부모님과 담임 선생님의 마음을 어루만지고 대상 학생의 지도 방법을 배우고 일관되게 지도하기 위해 캠프를 계획했지만 대상을 모으기 힘들었다.

담임 선생님, 기초학습지원단, 학부모님은 수없이 많은 학생에게 일반 학생보다 한글과 숫자를 더 열심히 가르쳤는지도 모른다. 나 역시 마찬가지였다. 매일 반복해서 가르치다 보면 알 것이라고 생각하면서 매일 낱말 카드를 만들고, 그림 카드를 오리면서 '오늘은 어떤 게임을 하면서 가르칠까?', '내일은 어떤 수업을 해야 재미있을까?'를 생각하면서 하루 하루 수업을 했다. 하지만 모르는 것도 여전했고 아는 것도 여전했다. 어쩌다 한 글자를 읽게 되면 세상을 다 얻게 된 것 같았는데, 수업이 끝날 때쯤 "다시 한번 읽어볼까?"라고 말하면서 학생의 얼굴을 쳐다보면 언제 그런 글자를 읽었냐는 듯이 다음과 같이 말한다.

"음~ 모르겠는데요. 아~정말 몰라요."

"정말? 몰라? 정말? 아까 읽었는데? 한번 잘 생각해봐."

"아~진짜! 잘 모르겠다구요. 본 적 없다고요."

커다란 실망감과 자책감이 나를 힘들게 한다. 한 달, 두 달이 지나도 똑같은 모습을 보이는 학생들이라 너무 많이 지치고 힘들어 다시 한번 담임 선생님과 함께 부모님을 설득했지만 돌아오는 것은 여전히 크면 나아질 것이라는 부모님의 대답뿐이었다.

학습클리닉을 신청한 학생 중 담임 선생님과 기초학습지원단이 수업하기가 가장 힘들다고 이야기한 증상은 ADHD 성향의 학생들이었다. 이 학생들은 산만하고 집중력과 기억력이 부족하며, 외부 자극에 쉽게 흐트러지기 쉽다. 자세가 좋지 않고 선생님과 부모님 말씀을 잘 듣지 않으며 다른 학생의 수업을 방해하기도 한다. 이 학생들은 주변 사람들을 무척 힘들게 하지만 정작 부모님들은 인정하지 않고, 상담만으로는 치료가 되지 않을 정도로 심각한 증상을 보인다. 더 이상은 안 되겠다는 생각이 들어 행동 치료 캠프를 진행하기로 했다. 준비 과정은 험난했다. 행동 치료를 할 만한 강사 선생님을 구하는 것도 어려웠지만, 이 프로그램을 어떻게 진행해야 하는지에 대한 고민을 해야만 했다. 대상 학생들이 매우 산만하므로 어떻게 위험하지 않게 이끌고 갈 수 있을지, 그룹 활동을 하지 못하는 아이들을 어떻게 그룹으로 묶어 진행해야 할지가 가장 큰 고민이었다. 고민을 한 끝에 대학생 자원봉사자를 일대일로 전담시키고 하루종일 그 학생과 짝이 되어 어디를 가든, 무엇을 하든 함께 하도록 했다. 그리고 프로그램의 대상을 학부모, 교사, 학생 이렇게 3인 1조로 참여하도록 유도하였다. 우여곡절 끝에 5팀이 참가하였는데, 캠프 첫날부터 왜 오라고 했느냐는 듯이 귀찮아 하셨고, 담임 선생님들은 주말까지 이 학생들을 보는 것에 대한 피로감을 호소하셨다. 따로 모셔서 비록 1박2일로 이루어지지만 비합숙이니 오늘 하루만 참가해 보시라고 말씀 드렸다. 학부모님과 담임 선생님을 대상으로 한 프로그램은 집단 상담, 개인 상담, 그룹 활동으로 구성하였고, 학생을 대상으로 한 프로그램은 미술 집단 활동으로 구성하였다. 커다란 비닐을 깔아놓고 여러 가지 재료를 만지고 놀 수 있도록 하였으며, 쉬는 시간에는 단체 스포츠 활동을 통해 에너지를 발산할 수 있도록 하였다. 막상 프로그램이 시작되자 집중하는 시간은 딱 5분이었다. 나머지 시간 동안 달래기도 하고 레크레이션도 해 가며 첫 번째 프로그램을 겨우 마치고 쉬는 시간이 되자마자 학생들은 대학생 자원봉사자와 함께 뛰어다니느라 온몸이 땀범벅이 되었다. 두 번째 스포츠 활동은 아이들이 규칙을 지키지 못해 활동이 될 수 있을지 걱정했는데 다행히 강사 선생님께서 대학생 자원봉사자와 함께 잘 이끌어 주셔서 무사히 잘 끝났다. 쉬는 시간에 대학생 자원봉사자에게 활동 소감을 묻자 다음과 같이 말했다.

"선생님들께서 어떻게 저 학생들을 통제했는지 모르겠습니다. 좀 쉬고 싶었는데, 앉아 있으려고 하면 갑자기 뛰고, 저리고 가려고 하면 이쪽으로 가자고 하고, 아무튼 잠시도 쉬지 않고 발에 모터가 달린 듯이 움직여서 너무 힘들었습니다."

프로그램이 끝난 후 학생들의 현상황에 대해 정확한 진단을 내리고 학부모님들이 학생들을 어떻게 지도해야 하는지에 관한 이야기를 나누었다.

점심 후에는 모두 모여 기악 합주를 했는데, 한 가지 동요를 연주하는데 너무 많은 시간이 걸렸고, 과정은 너무나 엄청 길었으며, 연주를 완성했을 때는 너무나 뿌듯했다. 한 명 한 명 악기를 선택하는 데 많은 시간이 걸렸고, 박자에 맞추기 위해 손뼉을 치고 발을 구르고 악기를 연주하고 노래를 부르면서, 하기 싫다면서 짜증을 내는 학생을 제외하지 않기 위해 다시 악기를 고를 기회를 주고 다시 처음부터 시작하는 과정을 수없이 많이 되풀이했다. 학생이 화내고 삐지고 짜증을 내고 울지 않으면 부모님이 화를 내는 과정을 지켜보면서 포기하고 싶다가도 '이왕 시작했으니 끝을 맺어야지.' 하는 생각을 하기도 했다. 순간순간 갈등을 겪으면서 합주로 동요 한 곡을 성공했을 때는 감동의 눈물이 났다.

"선생님, 제가 이 악기를 갖고 하고 싶은데, 저 친구가 안 줘요.", "아니에요. 내가 이 악기를 먼저 잡았는데, 저 친구가 달라고 해서 때렸어요.", "저 이 악기 안하고 싶어요. 다른 거 하고 싶어요. 소리가 이상해요."라며 다투기도 하고 악기를 집어 던지기도 했다. 잠시 정적이 흐르기도 하고, 하하 웃기도 하고, 박자가 맞지 않는다며 다른 친구한테 화를 내기도 하는 등 정말 많은 일이 있었다. 어느덧 시간이 흘러 합주다운 리듬이 들리자 그곳에 모인 모두가 감동에 빠졌다. 비록 잠깐이긴 했지만, 뭔가 함께 이루어 냈다는 것에 대한 만족감과 할 수 있다는 자신감을 이끌어 낸 것이 무척 감사했다.

'이 학생들도 포기만 하지 않는다면 해낼 수 있구나!', '이 세상 사람들이 모두 포기한다고 해도 내가 학습클리닉전문가로 있는 한 학생들은 포기하지 말아야겠구나!'라는 생각을 하며 캠프를 진행했다.

그 후 2회 행동 치료 캠프를 진행하기 위해 대학생 자원봉사자를 모았지만, 힘들다는 소문이 나서인지 잘 모이지 않았다. 그래서 이번에는 기초학습지원단과 기초학습치료지원단 선생님들 중에 희망자를 모아 일대일로 전담시켰다. 물론 힘든 일이지만 보람찬 일이라는 말로 희망자를 모았는데 생각보다 많은 분이 도와주신다고 하셔서 큰 어려움 없이 캠프를 진행할 수 있었다. 이번 2회 행동 치료 캠프의 주제는 '강점 찾기'로, 학부모님과 교사는 따로 상담과 힐링 프로그램을 진행했다.

프로그램을 시작하기 전에 다중 지능 검사를 하고 그 검사 결과에 따라 음악, 미술, 문학, 유튜브 크리에이터 등 학생들이 희망하는 분야로 나누어 체험할 수 있게 하였다. 이 프로그램을 진행하던 도중 한 학생이 절대음감을 가진 것을 발견하게 되어 음악 관련 기관과 연계해 주었다. 이 학생이 원한다면 음악가의 길로 이끌어 주기로 하였다. 다른 친구들은 미술 협동 작품을 만들면서 하나하나가 모여 커다란 하나가 된다는 것에 흥미를 느끼는 것 같았다. 물론 중간중간 종이를 찢어 던지기도 하고 풍선을 터뜨리기도 하고 커다란 비닐을 펼쳐놓고 그 위에서 다양한 재료들을 느껴 보기도 했는데 아이들을 이 모든 체험을 즐거워했다. 프로그램을 진행하면서 '이 아이들에게 많은 다양한 체험의 기회가 주어진다면 정말 많은 장점을 찾을 수 있겠구나. 다만 그럴 기회가 없었을 뿐이구나!'라는 생각을 하게 되었다. 힘들게 하는 아이들에게도 강점이 있다는 것을 발견하는 것은 매우 놀랄 만한 일이었다. 아이들에게는 자존감을 향상시킬 수 있는 계기가 되었고, 우리에게는 이런 아이들도 변화할 수 있다는 희망의 씨앗을 심어 준 계기가 되었다.

3회 행동 치료 캠프에서는 일대일로 아이들의 자세 교정을 시도했다. 학부모님과 함께 온 학생들에게는 학생들의 자세가 얼마나 잘못되었는지 그때그때 진단해 주고 잘못된 자세를 바로잡아 주면서 부모님과 함께 운동하게 하였고 부모님과 함께 오지 못한 학생들은 선생님과 함께 하도록 하였다. 함께 부딪치며 땀을 흘리고 소통하다 보니, 학생들이 왜 그렇게 움직이고 왜 그런 말을 하는지를 이해할 수 있게 되었다.

"평소 야단만 쳤지, 아이가 이런 마음을 가졌는지 몰랐네요. 이제부터는 아이의 붙잡고 앉아 차분히 얘기해야겠어요."라는 학부모님의 말 한마디에 지금까지 쌓인 피로가 눈 녹듯이 사라졌다.

이 밖에도 학부모님, 학생, 담임 선생님이 만든 합동 작품을 하나로 전시하고 발표하는 활동을 했는데 서로 박수를 쳐주고 칭찬과 격려를 하는 자리는 정말 놀라움 그 자체였다. 더욱이 자신들도 잘하는 것이 있다는 것에 놀라고 그것으로 인해 칭찬을 받는다는 것에 굉장한 자신감을 갖게 되는 것 같았다. 학부모님과 담임 선생님들도 학생들에게 이런 재능이 있었다는 것에 놀라고 학생 각자 자신들의 문제를 인식하고 있으며 자신의 문제를 고치고자 하는 마음이 있다는 것을 알게 되었다.

이렇게 많은 문제를 가진 학생들을 대상으로 행동 치료 프로그램을 진행했다. 학교에서도 충분히 문제를 인식하고 학부모님과 여러 방면으로 대화를 하고 있지만, 쉽지 않기 때문에 이런 행동을 하는 학생들이 많아지고 있고 주변의 잘못된 지식으로 인해 학년이 올라가면 나아질 것이라는 잘못된 생각을 하는 부모님들도 많다. 이해를 하시는 부모님도 계시지만 이해를 하지 않으려고 하시는 부모님도 계시기 때문에 학교 현장에서는 학생과 담임 선생님 그리고 학부모님 모두 힘들다. 물론 쉽지 않다. 하지만 우리 아이가 힘들다는 것을 조금만 일찍 알게 된다면, 학교생활이 힘들다는 것을 조금만 일찍 알게 된다면, 우리 아이들은 지금보다 행복한 생활을 할 수 있지 않을까 생각한다.

요즘에는 소외되고 힘든 아이들을 위해 'Step by Step 마음 소통 프로그램'과 ' 신나고 재미있는 학습클리닉'이라는 심리 정서 지원 프로그램을 진행하고 있다. 'Step by Step 마음 소통 프로그램'은 사각지대에 놓인 아이들과 학부모님들의 소통을 위해 감정 표현, 자세 교정, 스트레칭 등을 진행한다. 첫 회기 OT 시간에 참여했을 때 학부모님들께서 "이런 프로그램이었어요? 참 좋은 프로그램이네요. 열심히 참여할게요.", "우리 아이가 이렇게 행동하는지 몰랐어요.", "우리 아이가 항상 엎드려 있더니 척추가 휘어 있군요. 어떻게 하면 될까요? 바르게 앉으라고 해도 잘 앉지를 않더라고요."라고 하시며 강사님과 적극적으로 소통하셨다.

학생들이 뛰어다니고, 움직이고, 말을 많이 하는 것은 당연하다. 특히 부모님과 함께 있으면 더더욱 그러하다. 이렇게 부모님과 함께 모였을 때, 부모님과 학생의 대화나 행동을 살펴보면 부모와 자식의 행동이 같다는 것을 알게 된다. 자세, 말, 행동 모두 같다. 이렇게 함께 있는 경우가 거의 없기 때문에 학생들은 매우 좋아 한다. 부모님 중에는 귀찮아

하시는 분도 계시지만 좋아 하는 분도 계신다.

첫 회기는 정신 없이 흘러갔다. 학부모님들은 아이들을 통제하느라 바쁘고 아이들은 엄마와 같이 있다는 생각에 들떠서 소리를 지르며 뛰어다니느라 가만히 있지를 못했다. 가만히 지켜보니 부모님과 아이들의 다양한 특성이 나타나기 시작했다.

ADHD 성향의 학생들과 그 부모님은 산만하게 움직이고 말을 많이 한다. 학생을 통제하는 부모님들은 아이들을 꼼짝 못하게 하셔서 아이들이 부모님의 눈치를 보느라 자유롭게 움직이고 싶어도 움직이지 못하는 것이 눈에 보였다. 엄한 부모님을 둔 자녀는 부모님 곁을 떠나지 못했다.

다양한 형태의 학생과 학부모님들이 프로그램에 참여하는 것은 그 어디에서도 보기 힘든 모습이다. 정신없고 시끄럽고 신경을 쓸 것이 많기는 하지만, 한 회 두 회 지날수록 나아질 것이라는 생각이 들었다.

강사 선생님께서 "우리 30초만 가만히 있어 보자."라는 말씀이 끝나기도 전에 아이들은 "왜요."라고 대답한다. 기다리지 못하는 아이들이라서 그렇다. 그래도 강사 선생님은 꿋꿋하게 "지금부터 재미있는 것을 할 거야. 선생님이 지금 스톱워치를 누를 거야. 가만히 앉아 있어 봐. 말은 해도 돼. 움직이지 않는 거야. 움직이면 안 돼. 눈동자도 움직이면 안 되는 거야. 시작."이라는 말에 5초도 지나지 않아. 깔깔깔 웃으며 눈동자를 여기저기 돌리며 옆에 친구를 웃기는데 집중하는 학생들이 나오기 시작했다.

"선생님, 동준이 얼굴이 웃겨요. 흐흐흐."

"못 참겠어요. 하하하."

30초가 흐르자 강사 선생님께서 다음과 같이 말했다.

"이번에는 움직여도 돼. 그런데 말을 하면 안 돼. 알겠지? 그런데 이 공간을 벗어나면 안 되는 거야. 이해했지. 말은 하면 안 되는 거야. 스톱워치 누른다. 시작~"이라는 말에 아이들이 모두 일어나 움직이기 시작했다. 한 명이 춤 비슷한 것을 추기 시작하니 모두 따라 추기 시작하고 한 명이 누우니 다른 친구들도 다 드러눕기 시작했다. 이 학생들의 집중 시간은 딱 5초였다. 아마 이 프로그램이 끝날 때쯤이면 10분이 되지 않을까 하는 희망을 품고 있다. 아무튼 우리 학생들은 이렇게 산만하고 집중을 하지 못 한다.

5회기에 감정 표현 게임을 진행했다. 감정카드를 뽑아 보여 주고 이를 동작으로 표현하는 것이었는데, 학생들과 학부모님들의 표현은 정말 다양했다. 우리가 생각하지 못할 정도의 표현이었다. 서로 동작을 맞추면서 게임을 했는데 한 어머님께서 '급하다'의 표현을 '화장실이 급하다'로 표현하자 모두 자지러졌다. 이렇게 아이들이 활짝 웃는 모습을 보는 것은 정말 오랜만이었다.

하지만 가족 간의 감정 표현은 너무 어려웠다. 너무 부끄러워했다. 서로 자신의 감정도 모르고 표현하는 것도 서툴렀다. 자신의 감정을 표현하는 것을 너무 어려워해서 감정을 표현하는 단어부터 하나둘 찾기부터 시작하여, 어색해 하는 모습이 없어질 때까지 연습하는 것을 보며 '친구와 가족 간에도 소통이 필요하구나.' 하는 생각을 하게 되었다.

어떤 부모님은 프로그램에 적극적으로 참여해 주시지만, 어떤 부모님은 "왜 내가 함께 해야 하느냐?"라고 하시면서 참여를 거부하신다. 표현하기를 어려워하고 무언가를 하는 것을 힘들어 하기 때문이다.

학생 한 명을 잘 키우기 위해서는 가정 학교 그리고 지역 사회 모두 함께 힘을 모아야 한다는 말이 있다. 지금 우리 아이들을 보면 안타까운 일이 한두 개가 아니지만 그런 안타까운 일을 줄이기 위해 많은 사람이 노력하고 있다.

마지막으로 기억에 남는 것은 우리랑 같이 일하면서 웃고 울고 했던 기초학습지원단과 기초학습치료지원단이다. 많은 사람이 2014년부터 스쳐갔다. 재능 봉사직으로, 학교에 나가기 힘든 아이들에게 공부를 가르치는 위촉직이다. 봉사하는 마음 없이는 힘든 일이다.

"이럴 땐 어떻게 해요, 선생님?", "아이들이 잘 안 늘어요. 제가 못 가르치나봐요."

"말을 너무 안 들어요." 하시던 선생님들께서 시간이 지나면서 "아이들이 너무 예뻐요.", "아이들에게 잘못이 있나요. 다 어른들 잘못이지.",

"제가 할 수 있는 일이 있다는 것이 행복해요." 하시며 아이들에게 최선을 다하는 모습을 지켜 볼 때면 가슴이 뿌듯해진다. 아이들이 던지는 장난감에 맞고, 아이들이 무심코 던지는 욕설에도 내 자식같이 생각하시며 "그럴 수 있어. 저 나이 때 아이들은 마음이 아파. 행복한 경험을 해 보지 못했기 때문이라는 생각으로 아이들을 따뜻하게 보듬고 안아주면서 하나 둘씩 품 안에서 떠나보내는 것이 우리의 역할이라고 생각한다."라고 말씀하신다.

"한두 해 지나고 아이들을 한 명 두 명 만날 때마다 내가 갈 곳이 있어 좋고 나를 찾아 주는 사람이 있어 좋다. 아이들한테 더 잘해 줘야지."라고 말씀하시는 기초학습지원단과 기초학습치료지원단 선생님들의 말씀에 공감하며 하루하루 더 열심히 살아야지 하는 마음을 가지게 된다.

한 해 두 해 지나면서 '우리 아이들에게 너무 많은 것을 요구하지 말자. 하나하나 천천히 가 보자.'라는 생각으로 바뀌게 되었던 것 같다. 시간이 지나면서 점점 생각이 많아지고 전문가로서의 마음가짐과 자세를 준비하게 된다.

우리 학습클리닉 대상 아이들은 학습이 문제가 되는 아이들도 있지만, 마음이 아픈 아이들도 많다. 부모와 형제와 친구, 심지어 자기 자신조차 사랑하지 못하는 아이들이 많다. 단순히 지식만을 충족시켜 주는 것이 그 아이들이 이 험난한 세상을 살아나가는 데 힘이 되지 않는다.

그렇다고 조건 없는 사랑을 주는 것 또한 이 아이들에게 도움이 되지 않는다. 객관적인 입장에서 공감과 수용을 하고 공부할 수 있는 환경을 만들어 주는 것이 그들에게 도움이 된다. 그런 다음 이 학생들의 수준에 맞추어 하나하나씩 지도하는 것이 그 학생을 위한 길이다.

학습클리닉 대상 학생들을 만날 때면 진단부터 철저히 하고, 학생들이 충분히 이야기할 수 있도록 소통의 장을 마련해 준 후 관찰한 결과를 바탕으로 계획을 수정하고 또 수정하여 진행한다. 담임 선생님과 학부모님과의 소통은 당연히 이루어져야 효과가 좋지만 그렇지 못한 환경일 경우에는 학생들에게 세상은 혼자 살아가야 하는 거라는 것을 주지시켜 주고 독립심과 자립심을 키워 주기 위해 더욱 노력해야 한다. 이때가 가장 힘들고 안타깝다. 이렇게 10년이 지난 지금 뒤돌아보면 많은 아이가 기억에 남아 있다.

수업 시간마다 그림을 그리거나 종이로 무엇을 만들어 오는 학생이 있었다.

"선생님! 오늘 수업하러 오다가 선생님이 생각나서 그려왔어요." 하며 웃는 얼굴로 내미는 것을 보다가 '이게 뭘까?'라고 고민하다 '이걸 뭐라고 해야 하나!'를 고민하게 만든 학생도 있었고, 책상 밑에 숨어 수업하기 싫다면서 누워 있다가 담임 선생님만 가시면 언제 그랬냐는 듯이 "선생님 오늘 뭐 할 거예요?" 하면서 의자에 앉아서 미주알고주알 떠들던 학생, 수업이 끝날 때쯤이면 "나 내일 오지 않을 거예요. 수업하기 싫어요." 하고 가면서도 수업 시간마다 일찍 와서 기다리고 있던 학생 등 정말 각양각색의 아이들을 참 많이 만났다. 아이들에게 "고마워."라고 말하기가 쑥스럽고 아이들이 내미는 과자와 돌멩이 한 개, 만들기 한 점을 받기 부끄러워하던 내가 이제는 "고마워, 사랑해."라는 말을 서슴없이 하며, 아이들과 같이 웃고 울고 있다. 이 아이들을 만나면서 처음엔 마음도 매우 아팠고 내가 해 줄 수 있는 것들이 많지 않아서 너무 힘들었다. 하지만 이 아이들을 내가 평생 책임질 수는 없는 일이기에 이 아이들을 위해 내가 할 수 있는 최선을 방법은 성심성의껏 제대로 된 진단을 하고, 최선을 다해 아이들의 입장에서 이야기를 들어 주고, 이해해 주는 것이 아이들에게 도움이 될 수 있는 일이라고 생각한다.

'이 아이들에게는 충분한 기회가 없었고 공부 방법을 몰랐었기 때문에 이렇게 힘들게 학교생활을 하는 것은 아니었을까?' 라는 생각을 해 본다. 부모로부터 충분한 사랑받지 못했고 학습을 할 수 있는 방법을 몰랐으며, 자신을 어떻게 사랑하는지 몰랐기 때문에 이런 상황에 처하게 된 것은 아닐까?

이 아이들도 누군가로부터 충분한 기회가 주어지고 방법만 제대로 알게 된다면 어느 누구보다 반짝반짝 빛날 수 있지 않을까? 길가에 굴러 다니는 돌멩이 하나, 바람에 휘날리는 나뭇잎 하나에도 감정을 느끼고 사랑할 수 있는 아이들이라면, 충분한 기회와 방법을 가르쳐만 준다면, 이 아이들은 어느 누구보다 빛날 수 있을 것이다. 이것이 우리 학습클리닉전문가, 우리 어른들 그리고 우리 사회가 해야 할 일이 아닐까? 엄마가 아이들에게 하는 잔소리처럼 간섭하기보다는 아이들이 그들의 삶을 살 수 있도록 지켜주고 도와주며, 길가에 굴러다니는 돌멩이처럼 지지해 주고, 그 자리에 꿋꿋이 서 있는 나무처럼 그 자리를 지키며, 그들이 각자의 자리에서 빛날 수 있도록 해 주는 것이 우리가 할 일이자 내가 해야 할일이 아닐까 생각해 본다.

기초학습지원단 이야기

교실로 찾아온 특별한 선생님들!

김용섭
(前 인제교육지원청 학습클리닉전문가)

처음에는 기초학습지원단이 없었다. 2012년 7월경 인제교육지원청에 학습클리닉센터가 시작되었다. 학습클리닉 강사라는 이름으로 혼자 활동하였다. 2014년 '인제학부모교육기부단'이라는 이름으로 기초학습지원단이 생겼다. 교육과 관련된 전문 능력을 가진 인제 지역 학부모의 재능 기부를 통하여 학생들을 지도할 수 있는 학부모 전문 인력풀을 구성하고 '천천히 배우는 아이들'의 정서적인 안정과 기초 학습 능력 향상을 목적으로 했다. 4년제 대학 학습 관련 학과 졸업자와 2년제 교육대학 및 유아교육과 졸업자로서 초등학생 학습 지도가 가능한 분을 모집하였다. 학습 부진 학생의 심리, 정서 치료, 행동 발달 장애 지도 등 정신적인 학습 부진 요인을 진단하고 전문가와 협력하여 맞춤식 심리 치료를 할 수 있는 상담 관련 자격증 소지자를 선발하려고 했다. 월 8~10회 정도 학교를 찾아가 학습 상담 및 학습 지도 활동을 했다. 2014년에는 1일 활동비로 2만 원을 지급했다.

학부모 교육기부단 선발 공고를 게시하자 군인 가족 학부모 두 분이 지원하였다. 김○○ 선생님은 화요일만 활동할 수 있었다. 방과후 프로그램을 운영하면서 화요일에 기초학습지원단 활동을 했다. 초등학생을 대상으로 4-D 프로그램을 활용한 집중력 강화 프로그램을 진행하고, 이○○ 선생님은 중학생을 대상으로 자존감 증진 프로그램을 진행했다. 활동 전에 한국교원연수원에서 '자기주도학습 코칭 전략'을 주제로 온라인 연수를 제공했다. 초등학생 4교 13명과 중학생 1교, 5명이 프로그램에 참여했다.

2015년 강원도교육청에서 보낸 학습클리닉센터 운영 계획에 '기초학습지원단'이라는 명칭이 사용되었다. 순회 학습 코칭을 목적으로 3R's 지도 및 학습 저해 요인 분석과 해소, 요청하는 학교에 직접 방문하여 대상 학생 지원, 지원 대상 학생에 대한 기초학력 향상 개별 지원, 학습클리닉센터 학습클리닉전문가와 업무 협력 등 그 외 기초학력 향상을 위한 다각적인 지원 등을 제시했다.

명칭이 학부모교육기부단에서 기초학습지원단으로 변경되었다. 그리고 교육지원청의 학습클리닉 담당자의 명칭도 학습클리닉강사에서 학습클리닉교사로 그리고 다시 학습클리닉전문가로 변경되었다.

마침 기초학력 진단 보정 시스템과 연계된 보정 자료 '늘품이'라는 이름의 교재가 출판되어 학습 지도에 활용하게 되었다. 또한 난독증, 난산증, ADHD 증상의 학생들이 교실에서 학습해 나가는 과정을 이해하고 지도 방법을 모색하는 특화된 연수가 지원되었다.

2015년에는 기초학습지원단 운영의 기반이 마련되기 시작했다. 읽기, 쓰기, 셈하기의 세 가지 기초학력 영역을 의미하는 '3R's'라는 개념과 학습 저해 요인 분석 방법이 제시되었다. 학습 부진 해소에 필수적인 읽기의 어려움을 말해 주는 '난독증' 해소를 위한 다양하고 집중적인 연수가 지원되고, 읽기 문제가 크게 주목받기 시작했다. 한글 읽기 진단 도구가 계발되어 보급되었고, 기초학습지원단도 한글 읽기 진단 도구를 사용하여 읽기 부진을 진단하고 지도할 수 있게 되었다.

2021년 인제교육지원청 기초학습지원단은 초등 15명, 중고등학교 3명, 학습 전략 프로그램 담당 1명 등 총 19명이 활동했다. 초등학교의 경우 1~3학년은 한글 해득, 읽기, 기초 연산을 지도했다. 고학년은 읽기와 국어, 수학 과목의 학습 결손을 해소하기 위한 맞춤형 지도가 이루어졌다. 한글 해득의 경우 한글 해득 진단 검사를 실시하고, 『찬찬 한글』, 『읽기 자신감』 등과 같은 교재로 한글을 지도했다. 매년 강원도교육청에서 취합하는 사전 검사와 사후 검사 결과를 보면, 기초학습지원단과 함께 공부한 대부분의 아이들이 한글 해득에서 뚜렷한 발전을 보였다. 한글 해득 및 읽기와 관련된 사전 검사와 사후 검사 항목에는 한글 해득 진단 검사, 100어절 읽기, KOLRA 검사 등이 포함된다. 수학 과목은 기초 연산, 구구단, 수학 결손 단원을 지도한다. 학기 초에 BASA-M 검사와 기초학력 진단 검사를 실시하고, 그 결과를 분석하여 학습 결손 단원을 파악한다. 저학년은 덧셈과 뺄셈, 구구단부터 지도하고 고학년은 학습 결손 단원을 찾아 맞춤형으로 지도한다. 중학생은 주로 학습 위계가 확실한 수학 과목을 지도한다. 기초학습지원단의 선생님이 부족하여 여러 과목을 지원하지 못하고 학습 결손이 많이 확인되는 수학 과목의 연산 단원을 집중적으로 지도한다. 대부분의 '천천히 배우는 아이'들은 초등학교 과정부터 수학 학습 결손을 확인할 수 있고, 중1 수학 단원의 정수와 유리수의 연산 단원 학습 결손이 발생하여 학습 위계가 확실한 수학 과목의 특성으로 이후에 나오는 단항식과 다항식의 연산, 방정식과 부등식, 함수, 연립 방정식과 인수분해, 이차 방정식의 풀이 등 중학교 수학 단원의 학습에 어려움을 보인다. 중학생의 경우 학습 클리닉을 신청한 학생들은 학습 의욕을 보여 학습 시간만 충분하게 확보된다면, 학습 결손을 해소할 수 있는 가능성을 확인할 수 있다. 하지만 대상 학생과 학습 시간을 협의하다 보면 학교의 방과후 프로그램과 시간이 겹쳐 충분한 학습 시간을 확보하기 어렵다.

고등학생도 수학 학습을 지원한 사례가 있다. 초등학생부터 학습 클리닉 프로그램에 참여하여 조음 장애를 극복하고 기초학습지원단 선생님과 함께 적극적으로 공부하기를 희망하는 학생으로, 1주일에 2일, 각각 2시간씩 수학 결손 단원 학습을 지원했다. 고등학교에서도 학습 결손 해소를 위한 학습 클리닉 프로그램 지원을 요청하는 학교가 있었지만, 기초학습지원단 부족으로 적극적으로 지원하지는 못했다. 2021년부터 학습 전략 프로그램을 지원하는 프로그램을 강원도교육청에서 지원하였다. 인제교육지원청에서도 2명의 전담 기초학습지원단을 위촉하여 운영하였다. 고등학교 1학년 학생 20여 명이 신청하여 1주일에 1

회, 2시간씩 8회기로 지원하였다. MLST-2 검사를 실시하고 검사 결과에 따라 개인의 특성을 분석하고 총 5단계로 동기 및 목표 향상 프로그램, 시간 관리 향상 프로그램, 집중력 향상 프로그램, 정보 처리 향상 프로그램, 시험 준비 능력 향상 프로그램을 진행하였다. 신청한 고등학생들은 학습 전략 프로그램에 관하여 관심을 가지고 의욕적으로 참여하였다.

인제교육지원청 기초학습지원단은 강원도교육청 운영 지침에 주5일 최대 14시간까지 활동할 수 있다. 2021년 최대 주 14시간까지 2~5명의 학생을 시간대를 나누어 맞춤형으로 지도한 기초학습지원단이 다수 있었다.

여름 방학과 겨울 방학 기간에는 '방학 중 기초학력 교실'을 운영했다. 주요 프로그램으로 기초학력 보정 학습 '늘품이', 놀이 프로그램 '아자~^^', 창의력을 키워 주는 '신기한 4D 프로그램', 책과 함께 뒹구는 '이야기 속으로', 즐거운 생활 '노래하며 춤추며'를 진행했다.

부모님과 자녀 사이의 이해와 소통, 독서 하브루타를 통하여 인성과 진로 탐색, 질문을 통한 창의력과 사고력 신장을 목표로 초등학생 30명과 중학생 30명, 학부모 10명이 참가한 하브루타 힐링 캠프를 외부 강사, 기초학습지원단과 함께 진행했다.

가을에 기초학습지원단 선생님과 함께하는 학습 클리닉 프로그램 체험 활동인 '신나는 전래놀이 한마당', '마음과 마음이 하나 되는 감성 요리 푸드 팡팡'으로 관계의 아름다움과 협력을 배우는 프로그램을 진행했다.

2020년과 2021년에는 인제군에서 운영하는 다함께돌봄센터의 방학 중 학습 클리닉 프로그램을 기초학습지원단 선생님들이 방문하여 진행했다. 학교를 벗어나 마을로 찾아가는 선생님의 역할을 했는데, 센터 운영자들과 아이들 그리고 돌봄센터 이용 학부모의 만족도가 높았다. 돌봄센터에서 학기 중에도 프로그램 지원을 요청했지만, 학기 중에는 지원하지 못했다. 홍천 집에서 거리가 먼 인제군 기린면 지역의 돌봄센터 프로그램을 운영하는 한 퇴직교사 출신 기초학습지원단 선생님께서 학교와 돌봄센터 등 여러 장소를 방문하여 지도하는 모습을 여러 지역의 장날을 찾아다니며 상업을 하는 상인들의 모습을 생각하며 '교육의 장돌뱅이'라고 표현하셨던 소감이 기억에 남는다.

인제교육지원청의 기초학습지원단은 90%가 군인 가족 여성 학부모이고, 10%가 퇴직 교사로 구성되어 있다. 군인 가족 여성 학부모들은 대부분 자녀 교육에 적극적이고 배움에 대한 열망이 크다. 교육지원청 학부모지원센터에서 개최하는 교육 연수 프로그램에 적극적으로 참여하여 교육 관련 자격증을 취득하고, 교육청이나 지자체에서 운영하는 프로그램 활동가로 참여하고 있다. 대부분의 학부모 기초학습지원단은 교육관련 자격증을 3개 이상 가지고 있으며, 교사 자격증 보유자도 있다. 정년 퇴직한 선생님도 기초학습지원단에서 활동하고 있다. 초등 퇴직교사 한 분, 중등 퇴직교사 두 분이 활동하셨다. 풍부한 학습 지도 경험과 전문 지식을 가진 퇴직 교사들이 학습 부진 학생을 지원하는 기초학습지원단으로 활동함으로써 열정적인 군인 가족 학부모 기초학습지원단과 학습 지도 방법에 대한 경험과 정보를 나누고, 팀을 이루어 프로그램을 진행하여 큰 도움이 되었다.

학교 담임 선생님이나 교과 지도 교사가 여러 가지 사정으로 개별화하여 지도하기 어려운 '천천히 배우는 아이들'을 교사를 도와 함께 연구하고, 일대일 지도를 통하여 학습 부진을 해소하는 기초학습지원단들은 자녀를 양육한 경험을 바탕으로, 지속적인 연수와 자기 계발로 교실로 찾아가는 특별한 선생님의 역할을 적극적으로 수행하고 있다.

한 초등학교에서 담임 선생님과 기초학습지원단이 협력하여 효율적으로 지도한 사례가 있다. 담임 선생님이 6학년 수학 분수 단원의 연산 수업을 계획하고 있었는데, 한 남학생의 5학년 수학 분수 단원 학습 결손을 발견하고, 기초학습지원단에게 의뢰함으로써 기초학습지원단 선생님이 미리 5학년 수학 분수 단원을 일대일로 개별화 맞춤형 지도를 통하여 대상 학생이 5학년 분수 단원 학습 결손을 해소하고 6학년 분수 단원 연산 수업을 잘 이해하고 학습하는 성과를 거두었다.

이○○ 선생님은 ○○초에서 활동하는 기초학습지원단 선생님이다. 다문화 가정에서 태어난 ○○이는 어머니가 안 계시고, 아버지는 다른 지역에서 일하고 계신다.

연로하신 할머니와 할아버지가 양육을 맡고 있다. 산 위의 외딴집에서 살고 있어서 마을에는 함께 놀 친구가 없다. ○○이는 사회성 발달과 한글 읽기 그리고 정서적으로도 문제가 있어 보인다. 학기 중 방과후에 이○○ 선생님은 ○○이와 함께 읽기 공부를 했다. 꾸준하게 지도한 결과, 담임 선생님으로부터 ○○이의 읽기가 많이 향상되고 수업에도 자신감을 가지고 참여한다고 한다. 그런데 문제가 생겼다. 학기 중에는 학교에서 기초학습지원단 선생님의 도움으로 맞춤형 개별화 학습 지도를 받을 수 있지만, 겨울 방학 중에는 차량이 운영되지 않아 학교에 오지 못하고, 학급 친구도 만날 수 없었다. 담임 선생님은 해결 방법을 찾다가 이○○ 선생님께 겨울 방학 중에 ○○이의 집을 방문하여 함께 책을 읽고, 이야기를 나누는 친구 역할을 요청하였다. 이○○ 선생님은 겨울철에 눈이 쌓인 산길을 운전해야 하는데도 그 요청을 받아들여 ㅇㅇ 집을 방문하여 읽기 공부를 지도하고 이야기를 나누는 친구 역할을 했다. 겨울 방학 동안 코로나19가 퍼지는 상황에서 산 위의 외딴곳에 있는 ㅇㅇ이의 집을 방문하여 ㅇㅇ이의 할머니를 위로하고, ㅇㅇ이의 말벗이 되어 주셨다.

10년 동안 인제교육지원청 학습종합클리닉센터에서 많은 기초학습지원단 선생님들이 이ㅇㅇ 선생님처럼 천천히 배우는 아이들에게 어머니의 마음으로, 선생님으로, 친구로 다양한 도움을 주셨다. 배움의 순간들이 아이들의 마음에 녹아들어 비록 더디지만 아이들의 성장과 삶에 꼭 필요한 영양분이 되리라고 생각한다.

담임 선생님, 교과 지도 교사 면담과 활동 일지 분석으로 개선해야 할 문제점들도 발견되고 있다. 도움이 필요한 학생들이 많아 일대일 지도를 하지 못하고 복수의 학생을 함께 지도하는 경우, 개별화 맞춤형 지도가 되지 못하여 학습 지도가 효과적으로 진행되지 못하는 경우가 있다. 운영비가 제한되어 기초학습지원단 수를 충분하게 운영하지 못하기 때문이다.

또한 여러 학교에서 학습 공간이 부족하여 학습 지도에 어려움을 겪고 있다. '천천히 배우는 아이'의 지도는 집중 학습을 할 수 있는 독립된 공간이 필수적인데, 학교의 시설이 부족하다. 소수의 학생이 학습할 수 있는 소인수 교실과 일대일 지도 공간의 구축이 필요하다.

인지 발달, 정서 및 행동 문제를 가지고 있는 학생에 대한 지도의 어려움도 있다. 학습종합클리닉센터 지원 프로그램에 전문 기관 연계 지원 프로그램이 구축되어 있지만, 인제와 같은 시골 지역에서는 전문 기관 연계 프로그램을 운영하는 데 어려움이 있다. 전문 기관들이 춘천, 원주, 강릉의 도시 지역에 소재하고 있어 이동에 많은 시간이 소요되는 인제와 같은 농·산촌 지역에는 요청을 해도 오지 않는 경우가 많다. 장기적이고, 지속적인 지원이 필요한 전문 기관 연계 프로그램의 특성상 예산 문제도 어려움 중 하나이다. 프로그램 진행 후, 전문기관 연계 프로그램의 효과에 대한 평가 방법도 논의가 필요하다.

사실 기초학습지원단은 전문가가 아니다. 담임 선생님이 학습클리닉을 신청할 때 대상 학생 지도 문제에 대하여 한 학기 또는 그 학년 동안 해결되기를 희망한다. 그러나 인지 발달 문제, 정서, 행동 발달 문제가 학습 부진의 원인이 될 경우, 학습 의욕이 매우 부족한 경우 그리고 학습 부진이 누적된 경우에는 기초학습지원단이 열정을 가지고 최선을 다해 지도한다고 해도 학습 진도를 따라잡기 어렵다. 담임 선생님의 입장에서는 기초학습지원단에게 맡겼는데, 아무런 도움이 되지 않는다는 판단을 내릴 때가 있다. 이런 경우 열심히 지도했던 기초학습지원단은 용기와 의욕을 잃어버리고 다음 해에는 기초학습지원단에 지원하지 않는 경우가 있다.

기초학습지원단은 담임 선생님을 도와 개별화 맞춤형 지도를 지원한다. 사실 교육의 전문가는 담임 선생님이나 교과 지도 선생님이다. 담임 선생님과 기초학습지원단은 협의와 협력을 통하여 역할 분담을 한 후 '천천히 배우는 아이'를 함께 지도해야 한다. 기초학습지원단 프로그램이 발전하기 위해서는 기초학습지원단 인력을 지속적으로 양성하는 다양한 프로그램이 필요하다. 학부모가 학교 교육에 직접 참여하는 인식의 전환은 참신하고 탁월한 발상이다. 아울러 기초학습지원단의 전문성 제고는 시급한 과제이다. 기존의 연수 지원 방법을 더욱 발전시키고, 전문적인 연수의 기회도 충분히 제공함으로써 학습클리닉전문가와 교사의 협력 파트너로서의 역할을 충분히 할 수 있도록 다각적인 지원이 필요하다.

10년 동안 인제교육지원청 학습종합클리닉센터를 운영하며 기초학습지원단 선생님들과 함께 일했다. 자신의 자녀를 직접 가르치는 이상으로 열정과 헌신으로 지도하는 많은 기초학습지원단 선생님들을 만났다. 기초학습지원단 선생님들은 매 학기 평가회와 지도 사례 공유를 통하여 경험과 지혜를 나누고, 연수 때마다 새로운 지도 방법을 배우고 연구한다. 군인 가족의 특성상 잦은 이사로 다른 지역에서 활동하시는 선생님도 계신다. 인제와 강원도 그리고 전국에서 수고하시는 기초학습지원단 선생님께 감사의 마음을 보낸다.

2015년 7월 여름 내가 선생님?

OOO기초학습지원단 선생님

군인 남편을 따라 화천에서 살다가 인제로 이사 온 지 몇 개월 되지 않았을 때였다. 5살, 3살배기 딸 둘을 키우고 있을 때라 육아에 전념하던 때였다. 결혼하고 화천에서 인제로 남편을 따라 이사를 했다. 일을 하는 것은 꿈에도 생각지 못했고 이제 3살 된 둘째를 어린이집에 보낸 지 겨우 3개월 남짓이었다. 그러던 어느 날 우연히 동네 이웃을 만나 차를 마시게 되었는데 학교에서 아이들을 가르치는 재능기부 일을 하고 있다는 얘기를 들었다. '이 엄마 능력이 대단하구나'라고 생각했는데 전문대를 졸업하고 아이들을 가르치는 일을 이제 처음 해 보는 거라고 솔직하게 자신의 이야기를 들려 주는데 참 대단하고 멋지다는 생각이 들었다. 엄마의 마음으로 '천천히 배우는 아이들'을 지도하는 재능 기부라니! '나는 꿈에도 못하는 일이겠구나.'라고 생각했다. 그런데 혹시 대학을 나왔느냐고 조심스레 물어보는 그 이웃에게 "아유~ 저는 아이들 가르쳐 본 경험도 없고 전문대 나왔어요."라고 말했더니 지금 재능 기부해 줄 선생님들이 부족하니 도전해 보라는 권유를 받게 되었다. 며칠을 고민해 본 끝에 '초등학생 지도야 뭐~' 하는 마음으로 기초학습지원단 학습클리닉의 문을 두드리게 되었다. 그렇게 처음 배정받은 학교에서 4학년과 6학년 친구를 만나게 되었다. 4학년 친구는 여러 가지 어려움이 많은 친구였다. 지능이 경계선에 걸쳐 있어 기초 연산을 포함한 기본 교과 과정이 잘 되어 있지 않았다. 더욱이 조음 장애도 가지고 있는 상황이었다. 그러나 걱정과 달리, 학습에 대한 의지가 너무 컸다. 일주일에 두 번 만나는데 "선생님, 공부를 더 하고 싶어요. 방학에도 만날 수 있어요?" 라며 학습에 큰 의욕을 보였다. 아이를 만나 공부를 시작하면서 많은 고민을 하게 되었다. 어떻게 하면 더 잘 전달할 수 있을까? 기초 연산을 더 쉽게 받아들이게 할 수 있을까? 발음을 같이 해 보면서 전문 기관 연계를 교육청에 요청하여 발음 교정도 함께 진행하였다. 그렇게 아이와 2015~2016년까지 함께 공부를 했는데 학교와 기관 그리고 기초학습지원단의 여러 노력에도 불구하고 크게 눈에 띄는 성과 없이 그 친구와의 수업이 끝났다. 나는 다음해에 다른 학교로 배정받아 이동하게 되었다. 그리고 1년 후 그 친구가 중학교를 가게 되고 중학교 선생님께 전해 들은 이야기는 나를 눈물 나게 하였다. 초등학교부터 이어져 온 꾸준한 연산 반복과 초등시절 기초학습지원단 선생님과의 학습이 좋은 기억으로 남아 중학교에 가서도 학습클리닉 거부를 하지 않고 열심히 노력하여 좋은 결과로 이어져 온 것 같다며 초등학교 때 만난 선생님께 감사하다는 연락을 꼭 전해 달라는 이야기를 교육청 학습클리닉전문가 선생님께 전해 받은 것이다. 낙숫물이 댓돌을 뚫는다고 했다. 기초학습지원단의 역할은 순간순간 참 미비한 것 같고 큰 효과가 눈에 가시적으로 나타나지 않아 아무런 영향을 주지 못한 것 같이 느껴질 수 있다. 하지만 한 방울 한 방울 끊임없이 떨어진 그 물방울이 두껍고 단단한 바위를 결국에는 뚫어 내듯이 우리 기초학습지원단의 노력도 한 겹 두 겹 차곡차곡 쌓여 아이들이 좋은 결과를 이끌어 낼 수 있게 된다는 것을 알게 되었다.

2018. 레벨업할 수 있어?

그렇게 나의 첫 학교, 첫 학생들을 뒤로 하고 두 번째 맡게 된 학교(2017년)를 거쳐 세 번째 배정된 학교는 집과 불과 5km 정도밖에 되질 않았다. 처음 기초학습지원단이 되고 난 후 3년간을 집과 왕복 70km가 넘는 학교들로만 수업을 다닌 나를 안쓰럽게 생각한 담당자의 배려였다. 처음에는 열정과 패기가 넘쳐 "어디든지, 언제든지 가겠습니다!" 하고 파이팅 넘치게 수업을 했다. 그러나 체력적으로도 재정적으로도 너무 먼 학교로의 수업은 나의 열정과 패기를 조금씩 좀먹고 있었다. 그렇게 조금씩 균열이 생길 즈음 가까운 학교로의 배정은 다시 나의 에너지 넘치게 했다. 5학년 남자아이 두 명과의 수업이었는데 그 때부터 수업의 질을 높이는 방안, 역량 강화에 중점을 두었던 것 같다. 일대일로 수업을 하는 경우가 생기면서 더욱 좋은 효과를 보일 수 있다는 것을 알게 되었고 수업 계획을 세워가며 질적, 양적으로 높은 효능감을 보일 수 있게 고민해 보고 연구하게 되고 관련 연수를 들어가며 더욱 역량 강화에 중점을 두었다. 전에 만났던 친구들은 학습 의지가 높았기에 수업을 진행함에 있어 힘든 것은 없었다. 하지만 이번에 만난 친구들은 학습에 대한 의지가 전혀 없고 이렇게 공부해도 나는 머리가 나빠서 다 잊어버린다고 포기하는 마음이 큰 친구들이었다. 그럼에도 불구하고 수업에는 빠지지 않고 열심히 참여하는 모습을 보고 '천천히 배우는 아이'들도 배우고자 하는 마음은 있고 잘하고 싶은 마음이 있지만 겉으로 표현하지 못한다는 것을 알게 되었다. 오늘 배운 것을 내일 되면 잊을지언정 다시 알려 주고 가르치자. 오늘은 어제보다, 내일은 오늘보다 좀 더 쉽게 설명하는 내가 되기 위해 노력했고 나에게 시간을 쏟아 주는 소중한 나의 학생이 쉽게 이해할 수 있게 되길 원했다. 그런 경험들을 바탕으로 학습적인 부분에서 손톱만큼이라도 흥미를 보일 수 있기를 바라면서 수업을 진행했다. 그래서 나는 느린 학습자들에 대한 연수, 강의, 다양한 교수법들을 좇아다니며 듣고 배웠다. 이름만 선생님인 것이 아니라 정말 선생님이 되고 싶었다. 노력하는 선생님, 배워서 남 주는 선생님이 되고 싶었다.

2022. 그럼에도 불구하고

2020년 어느 날 코로나19가 우리를 덮쳤다. 그로 인해 많은 학생이 학교를 가지 못하고 친구를 만나지 못하고 많은 것들이 일시정지가 되었다. 학교에 가서 친구들과 놀고 배우며 사회성, 학습을 익혀야 할 시기에 한정된 등교로 인해 학습 공백이 생기고 단절된 교우 관계로 인한 또래 관계 결손까지 생겨났다. 모든 친구들이 그러하겠지만 우리 느린 학습자 친구들에게는 더욱 큰 괴로움과 고통을 안겨준 일이 아닌가 싶다. 학교에서 선생님의 지도 아래 학습이 이루어져도 배움이 더딘 느린 학습자들인데 등교를 아예 하지 못한 기간이 길어지고 한정된 등교 아래 가정에서 원격 학습을 하며 학습 격차는 더욱 커져만 갔다. 연일 뉴스며 신문이며 학습 공백에 대한 우려 학습 결손, 학습 격차에 대한 보도들이 쏟아져 나왔다. 계단을 오르듯이 차근차근 올라가고 있던 느린 학습자들에게 이 시기는 큰 절벽을 만나 확 떨어진 시기가 아니었나 싶다. 그럼에도 불구하고 우리는 여전히 느린 학습자들을 품고 함께 가야 한다. 빨리 앞서 가는 아이들만 끌고 가는 교육이 아니라 '천천히 배우는 아이들'과 함께 발맞춰 가는 교육이 필요하다,

포기하지 않고 다시 한 계단 한 계단 올라가려고 노력하는 아이들, 느린 학습자들과 함께 멀리 가는 교육이 필요하다. 그래서 우리 기초학

습지원단은 포기를 몰라야 하는 사람들이다. 아이들이 포기하지 않고,
학교가 포기하지 않고, 사회가 포기하지 않아야 한다. 함께하면 멀리
갈 수 있다.

기초학습지원단 활동 계기

OOO기초학습지원단 선생님

저는 국어교사로 정년 퇴직한 후 2년간 전원 생활을 하다가 아이들과 함께 지내는 것을 좋아해 방과후 강사로 독서 토론과 한자를 지도하였습니다. 방과후 활동으로 독서 토론과 한자는 학부모들은 원하지만 아이들은 재미없고 어렵기 때문에 많이 싫어합니다. 그러다 보니 과목을 개설한 학교가 인제군 내에서 해마다 각각 1개교 정도만 활동이 이루어지는 비인기 방과후 활동이라 할 수 있지요. 그러나 학교장이 장차 아이들이 공부하는데 독서와 한자에 대한 필요성을 생각하는 학교에서는 가뭄에 콩 나듯이 개설되고 있지요. 독서 토론은 책을 유창하게 읽으면서 문해력이 뒷받침되어야 짧은 40분 수업으로 원만하게 토론이 이루어질 수 있습니다. 그런데 토론을 할 수 있게 글을 잘 읽고 내용을 파악해 토론할 수 있는 아이들은 10명 중에 1~2명만 가능하여 거의 읽기 지도만 해야 하는 실정이지요. 읽기 능력이 우수한 아이들의 부모님 직업군과 관심도를 파악한 결과, 부모님이 교사이거나 아이의 독서에 관심이 많은 학부모님의 자녀들이 대부분 읽기 능력이 좋고 문해력이 높았습니다.

제가 국어 교사로서 중·고등학교에서 아이들을 가르치면서 느낀 점이지만 책을 유창하게 읽고 문해력이 높은 아이들이 학습 태도가 좋을 뿐 아니라 모든 과목에서 성적이 우수하고 좋은 대학에 진학하는 것을 많이 목격했지요. 그리고 중학교 1, 2학년 때 좋은 성적을 유지하는 아이들이 초등학교 때부터 책 읽기를 좋아하고 문해력이 있는 아이들이었다는 것을 새삼 돌이켜보게 되었습니다. 그래서 독서 토론과 한자를 지도하는 것 이상으로 더 중요한 것이 초등학교 때 아이들이 책을 잘 읽도록 지도하는 것이 무엇보다 중요하다고 생각했지요. 마침 교육청에서 기초학습지원단 모집 공고가 있어서 발을 들여놓게 되었습니다. 그러면 아이들이 초등학교 때 어떻게 해야 책을 즐겨 읽고 유창하게 읽을 수 있는 방법이 무엇인지를 생각하면서 초등학생 관련 독서책(읽기, 독서 토론, 문해력, 독해 등)을 약 30권을 도서관에서 대출하거나 구입해 읽었습니다.

읽기 지도 방법 제안

제가 그동안 독서 토론 방과후 활동을 지도하면서 느낀 점을 앞에서 조금 언급했습니다. 저는 초등학교에서 전반적으로 모든 학생을 대상으로 읽기 교육을 시켜야 한다고 주장하고 싶습니다. 그러나 여러 가지 제약이 있어 그러지 못한 점이 아쉬울 따름이지요.

기초학습지원단 프로그램에 참여하는 아이들은 초등 2학년부터 해당하는데, 2학년이면서 글자를 손으로 한 자 한 자 짚어가며 읽는 아이들이 20~30%는 있습니다. 그리고 겹받침을 잘 읽지 못하고 연음 처리가 안 되는 아이들이 매우 많습니다. 따라서 기초학력이 부족한 아이들 지도를 2학년 때부터 실시하는 것보다 1학년 2학기 때부터 실시하는 것이 더욱 효과적이라고 생각합니다. 왜냐하면 하루라도 빨리 읽기와 수학에 대한 수 개념을 가르쳐 주는 것이 중요하기 때문입니다. 그리고 내가 ○○초등학교에서 작년에 코로나 방역 지원활동을 하면서 학교에서 오전 내내 아이들과 지내면서 목격하고, 금년에는 ○○초 과학실에서 기초 학습 지도하는 네 분의 기초학습지원단 선생님과 같은 공간에서 아이들을 지도하면서 곁눈으로 본 것을 이야기하면, 국어를 지도할 때, 대부분의 아이들이 읽기가 잘되지 않는데 소리 내어 읽기 지도에 비중을 두지 않고, 문제 풀이에 중점을 두고 지도하는 것을 보았습니다. 제 읽기 지도 방법만 옳다고 주장하는 것은 아니지만, 교육청에서 기초학습지원단 선생님들에 대한 사전 교육이 좀 철저하게 이루어진 후에 아이들을 지도하는 것이 바람직하지 않나 생각해 보았습니다. 그리고 기초 학습이 부족한 아이들은 부모님과 협력하여 가정에서도 읽기 및 쓰기 지도가 이루어지도록 기초학습지원단 선생님들이 부모님과 협력해야 한다고 생각합니다.

도교육청에서

학습종합클리닉센터

오승학
(강원도교육청 학습클리닉전문가)

시작

"아니 도대체 이 일을 어떻게 시작하게 된 거야?"
"전공이 뭐예요?"

학습종합클리닉센터를 시작한지 10년…. 처음 만난 사람들이 가장 많이 하는 질문 중에 하나이다. 돌이켜보니 나도 어떻게 지금까지 왔나 싶을 정도로 놀랍기는 하지만, 자주 듣는 질문에 정해 놓은 듯한 답을 하기도 한다.

나의 전공은 신경생물학이다. 학부에서 생명과학과를 졸업하고 의과대학원에서 일반대학원 이학 석사를 했다. 전공을 말하고 난 후 사람들의 한결같은 반응은 "요즘 신경 과학은 더 비전 있지 않아요?"이다. 이공계가 취업이 잘된다는 이야기들이 한몫하는 것 같다. 하지만 아쉽게도 나는 대학교나 대학원에서 실력 좋은 과학도는 아니었던 것 같다. 맹목적인 공부와 진로에 대한 고민으로 전역하고 부터는 공부에 흥미가 떨어졌던 것 같다. 억지로 평점을 유지했다고 해도 과언이 아니었다. 졸업 때가 다가오니 내 평점은 그대로인데 전혁 후 불같이 공부한 친구들은 나를 앞서기도 했다. 대학원에서는 흔히 말하는 '현타'를 느끼며 내 옷에 맞지 않는 옷을 입으려고 했던 것 같다. 지금 생각해 보니 나는 대학원에서도 '천천히 배우는 학생'이였던 것 같다. 남들 한 시간 공부하면 나는 세 시간을 공부해야 하기도 했고, 대학원을 입학하면서 미션으로 받은 실험이 결국 실패하면서 흥미 있는 공부를 하지 못했다. 대학원을 졸업하고 연구지원센터에 취업해 1년간 계약직 실험 기사를 했다. 바로 이 1년이 고등학교 3학년이나 대학교 졸업 때도 제대로 하지 못했던 나의 진로에 대해 진중하게 가장 많이 고민했던 시간이었다. 남자들은 20대 후반이 되어야 뇌가 모두 자라 비로소 이성적인 생각을 할 수 있고 머리가 깬다고 하더니 나에게도 그 속설은 여지 없이 빗나가질 않았다. 각종 형광 현미경부터 전자 현미경까지 관리해 주는 자리였는데 연구에 소질에 없다는 것을 깨달았고, 관련 일을 5년 이상 할 수 있을까에 대한 스스로의 질문에 '아니다'라는 결론에 이르렀다. 그렇다면 '무엇을 할 것인가'가 가장 깊은 고민이었다

학창 시절 '공부라는 것이 참 어렵다.'라고 느낀 적이 있었다. 그럴 때마다 누군가의 도움이 절실했기 때문에 나처럼 공부가 하기 힘들었던 친구들에게 같이 고민해 줄 수 있는 선생님이 되어야겠다고 결심했다. 지금은 나이를 불문하고 임용고시를 보고 합격하기도 하지만 그 당시에는 부모님의 건강도 좋지 않으시고 집안 형편이 넉넉하지 못하다는 생각이 들어 마냥 집에서 임용시험 준비를 하기에는 부모님께 너무 죄송했다. 공부한다는 핑계로 아르바이트 한번 제대로 하지 않은 나에게 비싼 대학원까지 보내 주신 부모님께 다시 공부를 하겠다는 것이 너무 염치없는 일이라 생각했다. 무엇보다 공부를 힘들어하는 학생들은 공교

육 제도 안에서도 그렇지만 대안학교와 학교 밖의 학생들이 더욱 시급하다고 생각했었다.

대학원까지 졸업했으니 대안 학교나 사립 학교의 기간제 교사는 쉽게 할 수 있을 것이라 생각했다. 하지만 현실은 녹록지 않았다. 16곳에 이력서를 냈다가 모두 탈락했다. 그중에 면접까지 봤던 곳은 단 두 곳에 불과하다.

"너는 5년 안에 다시 돌아올 것 같다"라고 하셨던 지도 교수님의 말씀과 연구실 과장님의 만류를 뿌리치고 호기롭게 냈던 사표의 자존심은 온 데 간 데 없고, 과연 내가 일을 할 수 있을지에 대한 의구심이 자라기 시작했다.

그렇게 취업 정체기에 머물러 있어야 했던 시간 6개월 동안 '기독교교사세움터'라는 모임에 참여해 기독교 대안 학교를 들어가기 위한 준비도 하고, 자기주도 학습지도사를 취득하면서 아이들을 만나기 위한 준비를 했다.

기회는 우연히 찾아왔다. 전문상담사로 일하고 있던 고향 후배로부터 한 통의 전화가 걸려왔다.

"형, 홍천교육지원청에서 학습클리닉센터라는 걸 구축하면서 사람을 뽑나 봐요. 한번 도전해 봐요."

이 전화가 나의 10년을 결정하리라고는 생각지 못했다. 당시에는 교육경력이 부족해 대안 학교의 공부가 힘든 아이들을 만나야겠다는 생각에 교육지원청에 뽑히기는 힘들 것이라고 생각했다. 이와 더불어 공교육 말고 그보다 힘든 상황에 있는 아이들에게 희망을 주고 싶은 생각도 있었다. 그런데 "형 공교육 안에도 힘든 아이들 많고 장소만 다르지 만나는 아이들은 같을 거예요." 하는 말 때문에 그동안 혼자서 두껍게 쌓아올렸던 고정관념의 벽에 금이 가기 시작했다. 그렇게 혹시나 하는 마음으로 이력서를 제출했다. 이후 합격이라는 소식을 듣고 다시 한번 기회를 얻는 듯한 느낌을 받았다.

강원도 홍천은 전국의 모든 기초 자치 단체 중에서도 단일 면적이 가장 넓은 지역이다. 지형이 타원형으로 이루어져 있어서 서쪽으로는 경기도 가평에 맞닿아 있고, 동쪽으로는 강릉과 맞닿아 있어 끝에서 끝까지는 2시간이나 걸리는 장거리 지역이다. 동쪽 끝에서 서쪽 끝으로 갔다가 복귀하면 '홍천에서 동서울터미널까지 왕복한 거리인데도 기름값도 안 나온다'는 우스갯소리를 할 정도였다. 내가 태어나고 자란 이 넓은 지역의 머릿속 지도를 학교 중심으로 재편하기 시작했다.

첫 교육청, 첫 업무, 첫 수업….
교육지원청에서도 '학습클리닉센터' 업무는 처음이었기에 인수인계를 받을 것도 없고 가이드를 주는 사람도 없었다. 기안 하나도 낯설고, 하나하나 물어 보지 않으면 진행할 수 없는 상황에서의 긴장감은 지금도 잊을 수가 없다. 하지만 처음 만난 직원들은 살갑게 챙겨주셨고, 덕분에 홍천에서의 첫 시간들을 기쁜 마음, 좋은 추억으로 지나온 것 같다. 누구나 같을 테지만, 새로운 업무의 시작인 만큼 열정을 다했다. 주변에서 알려 주는 업무 관련 내용들을 꼼꼼히 정리했고, 두 번 묻지 않기 위해 나만의 업무 가이드를 만들어 배워 나갔다. 남이 하기 싫어하는 일을 하면 인정받을 수 있다는 생각에 지저분하고 하기 싫어하는 일들을 조용히 처리해 나갔다. 그러다 보니, 사람들이 좋아해 줬고, 나만의 업무 가이드도 배포하니 열정과 전문성도 인정해 주기 시작했다. 당시 형처럼 따르던 주무관님이 계신데, 업무 첫 시작부터 짜증 한 번 내지 않고 정말 상세히 알려 주셨다. 지금도 스승님처럼 대우해 드리곤 하는데 그 주무관님과 함께 아침마다 과의 쓰레기통을 비우곤 했다. 말이 쓰레기통이지 과에 자잘한 일까지 두 발 벗고 나섰던 것 같다. 젊은 덕분에 힘도 쓰고, 유지보수 업체가 도착하기 전에 컴퓨터도 도와드렸다. 홍천에서 1년 반…. 주무관님이 먼저 도교육청으로 발령이 나더니 도교육청에 학습종합클리닉센터 업무 담당자 자리를 신설하면서 도교육청으로 가게 됐다. 행간에는 아침마다 쓰레기통을 비우면 도교육청을 간다는 우스갯소리를 할 정도였다.

아이들을 만나는 순회 수업은 가장 긴장되는 순간의 연속이었다. 선생님들도 임용고시를 보고 처음 발령받아 아이들을 처음 만나는 순간이 설레고 긴장되는 마음은 같을 것이다. 아이들의 반응, 선생님의 기대, 부모님의 절실함이 더해져 무게감은 이루 말할 수 없었고, 수업은 난

항이었다. 순회 시간을 맞추기 바빴고, 주의력이 부족한 아이들을 셋이나 같이 앉혀 놓고 복도로 뛰어나가는 아이들을 잡으러 다니기 일쑤였다.

수업이 끝나면 녹초가 되는 것은 한순간이었다. 순회 가방은 무거웠고, 먼 곳에 있는 학교를 찾아갈 때는 시간을 맞추느라 점심을 거르기 일쑤였다. 주말이면 검사 활용 방법을 배우러 다니기 바빴다. 처음해 보는 검사들의 해석 방법이 발목을 잡혀 며칠 동안 씨름을 하기도 했다. 모든 것에서 초보티가 났다. 하지만 그 시간을 이해해 주고 조언을 주시던 선생님들이 계셨고, 아이들이 잘 따라 주었기에 '초보' 딱지를 조금이나마 벗을 수 있었던 것 같다. 아이들만 '천천히 배우는 아이들'이 아니라 나야말로 업무에서 '천천히 배우는 아이'였다.

착각 사명

정문 옆, 작은 초소에서 반갑게 맞아 주시는 학교 보안관 선생님…

운동장 한가득 아이들이 일으킨 모래 바람이 아이들의 에너지를 한껏 느끼게 한다.

삐뚤 삐뚤, 둘쑥 날쑥한 신발장을 지나면 옷깃을 스치며 복도를 내달리는 아이들의 함성과 웃음소리…. 웃음을 가득 머금고 인사하는 아이들의 목소리에 나도 모르게 절로 힘주어 인사를 하게 된다.

10평 남짓한 교무실…. 교무행정사님들의 손이 닿지 않은 곳이 없는 살림터…. 가장 먼저 교무실 제일 안쪽에 앉아 계시는 교감선생님께 인사를 드리고 교실로 향한다. 계단을 오르는 창문 사이로 아이들과 함께 휘몰아치는 기운에 등을 떠밀리듯 교실로 발걸음을 힘차게 내디딘다.

색종이, 지우개, 연필, 실내화, 다 먹은 우유갑, 부러진 연필이 책상과 바닥의 경계 없이 돌아다니는 교실에서 오늘도 나는 정말 교사가 된 것처럼 아이들이 주는 말 한마디에 사명감을 채워 나간다.

우리 사회는 시험을 통과한 사람들에게만 교사라는 직업을 주지만, 아이들의 인사로 진짜 교사가 된 양 옷매무새부터 마음 한켠, 입술 끝 하나까지 가다듬고 나니, 학교에 발을 내디딘 모두가 똑같은 선생님이다.

오늘도 나는 아이들이 주는 사명감으로 살아간다. 자료와 교구를 하나씩 정리하면서 순회 가방 한가득 자료를 채운다.

그렇게 매일 교사가 된 것처럼 아이들 앞에 서다 보면 어느새 아이들에겐 '나만의 선생님'이 된다. 임용시험을 통과한 사람만이 교사가 아니라 아이들 앞에 선 모든 사람이 선생님이 될 수 있고 무엇보다 내 앞에 앉은 아이의 희망이 시험이라는 성적 아래 가려져 포기하지 않도록 오늘도 순회 가방 안에 온갖 지식과 열정을 쏟아 놓는다.

아이들은 선생님의 그 마음을 단번에 알아차린다. 지금의 잔소리가 정말 자기를 위해 하는 말인지, 귀찮아서 하는 말인지 아이들은 누구보다 먼저 알아차린다. 아이들 눈앞에서 거짓으로 속마음을 포장하려 했다가는 아이들은 마음의 문을 굳게 닫아 버린다.

지금 당장 글을 조금 읽기 힘들어하고 수학 성적이 좋지 않다고 해서 그 아이의 인격이 성적과 동일시되는 것은 아니다. 오히려 더욱 인정받기 위해 애쓰는 아이들의 마음을 알게 되면 말하지 못하는 그 속내가 못내 안쓰럽기까지 하다.

혹자는 공부를 못하는 아이들에게 너무 과도한 지원을 하는 것이 아니냐고 말하면서 오히려 보통의 아이들에 비해 역차별이라는 말을 하기도 한다. 돌이켜보건데 우리의 역사 속에 '과거 시험'에서 장원급제를 해야만 인정받고, 수능을 잘봐서 학교 담벼락에 현수막을 달아야만 대단한 아이로 인정받던 우리의 경험으로 나도 모르게 학교 성적으로만 아이들에게 잣대를 들이밀고 있는 것은 아닌지 돌아보아야 한다. 영재교육에도 특별한 지원을 하듯 그와는 반대로 기초를 익히기 어려운 국가에서는 지원을 해주어야 한다. 우리가 학교 다니던 시절을 떠올리며 아이들을 성적과 등수로만 평가한다면 우리는 앞으로 더 큰 사회 비용을 감수해야 할 것이다.

학습종합클리닉센터는 학습이 어려운 아이들에게 기회를 주는 곳이다. 아이들이 잘못해서가 아니라 교육의 방식이 그 아이들에게는 다소 격이 있거나 교과 내용이 이해하기 어려울 수 있는 '다름'을 말해 주는 것과 같다. 담임 선생님이 보통의 아이들이 따라갈 수 있는 보통의 계단 10개를 넣고 수업하는 것이라면 센터는 20개, 30개의 계단으로 세분화해 주어 작은 보폭으로도 다리를 뻗을 수 있게 해 주는 곳이다. 그 계단이 너무 가파르다면 자신만의 방법을 찾아 조금씩 올라갈 수 있도록 다른 길을 안내해 주는 길잡이가 되어 주는 것이다.

나 역시 학창시절에는 받아쓰기를 40점 이하로 맞는 일이 잦았고 나머지 공부를 하기 일쑤였다. 심지어 6학년 때까지 글을 유창하게 읽지 못했다. 6학년 시절 일기장에 맞춤법 첨삭 지도의 흔적이 어린 시절 나의 어려움을 대변해 준다. 아이들의 모습 속에 나의 모습이 투영된다. 공부를 잘하고 싶어도 방법을 모르고 원인을 몰랐던 아이들에게 나 또한 본이 되기를 원했다. 그래서 실험실 연구직을 그만두고 미인가 대안 학교까지 전전하며 아이들에게 다가서려고 했던 마음가짐이 10년 학습클리닉센터를 시작하게 했고, 오늘날 이 자리에 있게 했다.

필요와 역할

왜 학습종합클리닉센터일까?

초등학교 4학년 때 친구와 함께 나머지 공부를 한 적이 있다. 그 친구는 운동능력이 좋아 축구도 잘하고 몸도 날렵했지만 4학년임에도 불구하고 한글을 제대로 읽고 쓸 수 없었다. 나도 그랬지만 그 친구는 자기 이름만 겨우 쓸 정도였으니 상황은 더 심각했다. 그 당시 학교 축구부 감독을 겸하시던 담임 선생님께서는 이 날 큰 다짐을 하셨던 것 같다. 친구에게 자기 이름을 계속 쓰게 했다. 그럴수록 친구는 더욱 긴장하며 연필을 잡은 손이 앞으로 나가지 못했다. 그때까지만 해도 담임선생님의 체벌은 사랑의 매라고 생각할 때였으므로 혼이 나다가 받아쓰기를 하고 다시 혼나는 상황이 반복됐다. 나는 그 친구를 잊을 수 없다. 나도 그 순간 엄청난 긴장감을 함께 느끼고 있었기 때문이다. 그때는 몰랐지만 지금에 와서 생각해 보니 그 친구는 심각한 읽기 어려움, 즉 난독 의심 학생이었던 것 같다. 초등학교를 졸업한 지 30년이 넘은 지금, 들리는 소문에 따르면 그 친구는 부모님이 하시던 가게를 이어받아 운영하고 있다고 한다.

내가 어린 시절에 학습종합클리닉센터가 있었다면 어땠을까?

글을 모른다는 이유로 강압적인 시간을 보내지는 않았을 것 같다. 적어도 원인을 찾기 위한 다양한 접근을 하지 않았을까? 학습종합클리닉센터는 학습 부진의 원인을 찾고 함께 고민하며 정보를 나누고 그에 따른 개별화 맞춤형 학습 지도를 지원하는 공교육 내에서의 서비스다.

가끔 교육청 직원들과 이야기를 나누다가도 난독증이 무엇이냐고 묻는 직원들이 많다. 예전에는 없었는데 지금에 와서야 왜 난독증이 이슈가 되느냐고도 묻는다. 1990년까지만 해도 교실에는 ADHD라는 말도, 경계선이라는 말도, 난독이라는 말도 낯설었다. 그 당시에는 담임 선생님들이 아이들을 남겨 지도하면 된다고 생각했다. 좀 더 확장해 보면 암도 암이라는 질병을 찾기 이전에는 암인 줄도 모르고 그 병을 앓다가 세상을 떠나기도 했을 것이다. 모르긴 몰라도 우리 조상들도 꽤나 많은 사람이 암이지 않았을까? 원인을 알고 대처한다면 정확한 방법과 효율적인 치료가 가능하게 되어 많은 사람들이 새로운 기회를 얻게 될 것이다. 마찬가지로 학생들의 학습부진 요인을 찾고 그에 따라 지도를 한다면 교실에서의 보편적인 학습에 따라가지 못하는 학생들이 자신에게 맞는 교육에 맞춰 학습의 기회와 지도를 받게 될 수 있다.

천천히 배우는 학생들에게 학습클리닉전문가나 기초학습지원단은 '나만의 선생님'이 된다. 학습종합클리닉센터와 기초학습지원단을 운영하면서 학생들에게 들었던 가장 뿌듯한 말 중에 하나다. 순회 수업을 하러 가서 수업할 아이를 데리고 다른 교실로 가고 있노라면, 지도 학생 친구들이 물어본다. '누구야?' 그때 바로 내가 가르치는 아이가 "어, 내 선생님이야" 라고 말하면 그것만큼 뿌듯한 순간이 없다. 당연히 학생들에게는 담임 선생님이 최고이겠지만 아이들은 담임 선생님이 제일 가까우면서 어려운 사람 일 때도 있을 것 같다. 부모님처럼 말이다. 때론 교실에선 다른 친구들 때문에 눈치를 보기도 한다. 그런데 단둘이 있고 우리반 아이들과는 무관한 선생님이 학교에 늘 나를 위해 찾아오니 담임 선생님께 어려워서 못하는 말을 털어 놓기도 한다(때로는 아이에게 들은 중요한 정보를 담임 선생님께 말씀드려야 할 때도 있다). 아이들한테 또 다른 기댈 수 있는 존재가 된다는 것도 나름 큰 의미가 있다. 지난해 코로나19로 모두 힘든 상황에서 순회 수업을 나가는 아이의 아버지가 쓰러지신 적이 있다. 아버지와 형과 셋만 함께 사는데 아버지가 쓰러지시니 돌봐 줄 사람이 없는 상황이 된 것이다. 담임 선생님도 사정이 생겨 안 계시고 임시 담임 선생님이 와 계신 상황에 설상가상 어머니도 연락이 안 되는 상황이었다. 그 아이에게 나의 휴대 전화 번호를 알려 주고 만약 무슨 일이 생기면 바로 연락하라고 하고는 교육복지사님, 학교 교감선생님과 협력 방안을 논의하고 도왔던 적이 있다. 학교 선생님께서는 이렇게 뜻하지 않은 상황이 발생했을 때 학습클리닉선생님이 아이가 믿고 의지할 수 있는 선생님이 되어주셔서 주셔서 고맙다는 말씀을 해 주시기도 하셨는데 바로 그 친구만을 위한 선생님이 되어 준 것 같았다. 학교 생활을 하면서 누군가 말이 통하고 내 편이 될 수 있다는 것은 학생들이 학교 생활을 잘 할 수 있는 또 하나의 힘이 될 수 있기에 담임 선생님 입장에서는 가용한 모든 자원을 지원해줄 수 있는 또 하나의 선택지라고 할 수 있겠다.

센터 일을 하면서 학습종합클리닉센터가 정말 교육계에 필요한지 스스로 자문하는 일이 많다. 밖에서 보기에는 담임 선생님이 책임져야 하고 담임 선생님이 하면 되지 왜 센터라는 지원 체계가 생겼는지 의문을 가지고 계신 분들도 있다. 학습 상담, 학습 코칭을 담임이 해야지 왜 외부에서 별도 인력이 투입되어야 하는지에 대한 의견도 있다. 다양한 질문에 몇가지 고민해보고자 한다. 최근 고등학교 1학년 학생이 한글을 잘 못 읽는 것 같다며 신청을 하신 경우가 있다. 아마 이 이야기를 듣는 대부분은 고등학교 1학년이 한글을 못읽어? 여태 초중학교때는 무엇을 배웠데? 학교에서는 어떻게 버틴거야? 라는 질문이 자연스럽게 따라 올 것이다. 초등학교 1학년부터 중학교 3학년까지 아홉분의 담임 선생님은 이 학생을 위해서 아무것도 하지 않으셨을까? 담임 선생님들은 알면서도 왜 못하고 계셨을까? 열심히 지도를 했지만 아이들이 반응하지 않을 만큼 힘든 아이들이 많고, 티가 나지 않았던 것은 아닐까? 한글을 모르고 기초수학을 모르는 아이들은 교실속에서 자신이 잘하지 못한다는 사실을 친구들이나 선생님들께 들키기를 매우 싫어한다. 그래서 수업 중에는 듣고 대답은 할 수 있지만 자신이 할 수 있는 최대한의 모든 방법을 동원해서 시험공부를 하지 않은 척, 일부러 과제를 하지 않은 척 반항이나 외면, 회피 행동의 뒤로 자신을 숨기려 한다. 이러한 학생이 여러 명이 있는 교실 가운데 숨어 있다면 쓰거나 읽는 활동이 없는 수업 시간에는 집중하고 대답하면서 따라오는 아이가 글을 잘 읽지 못한다는 사실을 눈치채기란 쉬운 일이 아니다. 그럴 때 학습종합클리닉센터는 담임 선생님 외에 또 다른 거름망이 되어 줄 수 있다. 의사도 전문 분야가 있듯, 학교에서 교사들에게도 교과 전공이 있듯, 학습종합클리닉센터에서 기초학력이 전공이라고 생각하면 좋을 것 같다.

또 학교라는 환경이 담임 선생님이 당연히 우리 반 아이들에 대한 기초학력을 책임져야 하는 것도 맞지만, 담임 선생님들에게 한 주의 5일은 너무 짧은 시간이다. 아이들은 방과후 수업을 가야 하고 학원을 가야 하고 담임 선생님도 업무를 해야 하고 수업을 준비해야 하고 회의에도 참석해야 하고 학부모님들과 상담도 해야 한다. 선배 교사분들께서는 예전엔 다 하던거야 하실 수 있지만, 전자 문서화된 공문은 공문의 양을 늘렸고, 빠른 처리 속도를 요구한다. 다문화 가정, 조손 가정, 한부모 가정 등 다양한 환경에 생물학적, 환경적으로 더 어려운 아이들도 많아졌다. 인구 감소로 아이들이 줄고 가정 내 아이가 적어지면서 아이들에 대한 관심도 높아졌고, 교육과 지원에 대한 민감도도 높아졌다. 단적으로 학교 아이들이 싸워도 예전에는 담임 선생님이 불러 화해를 시키면 끝났을 일들도 이제는 학교폭력위원회 사안까지 가는 일이 많아질 정도로 학교는 아이 하나 하나에 대한 민감도가 높은 상태이다. 이런 배경하에서 담임 선생님에게만 책임을 지우는 것은 책임전가에 가깝다는 생각이 든다. 실제로 선생님들을 만났을 때 제일 부담스러워하는 용어가 '기초학력 담임책임제'이다. 이 말이 생긴 이유도 무시할 수는 없지만, 당연히 우리 반 아이들은 내가 책임지고 가르쳐야 하는 학교가 있는데 책임제는 말이 붙는 순간 부담은 이루 말할 수 없을 것이다. 이제 학부모가 된 나의 입장에서 담임 선생님이 모두 책임져주면 좋겠다는 생각이기도 하지만 사실 집에서 내 아이 하나도 지도가 쉽지 않으니 25명의 한 반은 더욱 어려울 것이다.

앞서 학습종합클리닉센터를 거름망에 비유했다. 1학년 때는 변하지 않던 아이가 2학년 때 담임 선생님을 잘 만나 변화하는 이유는 무엇일까? 1학년 때 담임 선생님은 훌륭하지 않아서일까? 담임 선생님들이 이 아이를 손을 놓아서일까? 많은 요인이 있겠지만 선생님 개개인이 가지고 있는 눈과 전문성 혹은 지도방법 등에 따라 아이들은 선생님들의 거름망에 걸리지 않는 경우가 있을 수 있다. 또한, 한 아이만이 아니라 한 반의 아이들 전체 속에서는 빠져나갈 수 있는 확률도 높아진다. 이 거름망을 조기에 촘촘하게 만들어 놓을수록 아이들의 부족한 부분을 빨리 채워 줄 수 있을 것이다. 얼마전 2021년 12월 25일에 발사되어 우주로 날아간 NASA에 제임스웹 망원경이 우주 인식의 지평을 바꿔 놓을 만한 사진들을 발표했다. 사진은 선명했고, 화려했으며, 믿어지지 않을 만큼 놀라울만 장면들을 선사했다. 몇십 광년 전에 있던 빛을 찍은 사진이라는 것도 놀랍지만 분해능의 발달로 인해 별과 별을 명확하게 구분하여 사진을 찍을 수 있다는 점이 더 놀라웠다. 학습종합클리닉센터가 선생님들이 아이를 정확하게 바라 볼 수 있도록 거름망을 촘

좁히만들고 학습 부진 요인의 분해능을 높여 주는 곳으로 이해해 주었으면 한다.

자기 반에 공부가 힘든 아이가 있을 때 함께 고민하고 지도 방안에 대한 정보를 얻고 도움을 받을 수 있는 곳이 바로 학습종합클리닉센터이다. 센터에 신청서를 보내는 것도 아이들에게 관심이 있기 때문이다.

초등학교 3학년 학생이 있다고 가정해 보자. 이 아이는 조손 가정에서 자라고 있고 ADHD와 난독증을 가지고 있다. 수업에는 당연히 집중하지 못하고 다른 아이들을 방해한다. ADHD와 난독증을 함께 가지고 있는 관계로 아직 한글을 깨우치지 못했다. 이 학생의 기초학력을 담임 선생님만이 책임져야 한다는 것으로 생각한다면 이 학생의 초등학교 1, 2학년 담임 선생님들에게 이 아이에 대한 책임을 묻고 싶다. 하지만 기초학력 향상을 위한 담임 선생님 책임지도의 진정한 의미는 아이가 진정으로 필요로하는 것을 찾아 지원해 줌으로써 아이에게 할 수 있다는 희망을 주는 것이라고 생각한다. 이러한 의미에서 학습종합클리닉센터와 함께 고민하고 그 아이를 위한 지도 방향을 함께 설정하여 맞춤형 지도를 하는 것도 담임 선생님은 책임을 다하고 있는 것이라고 생각한다.

학습종합클리닉센터는 학습 부진의 원인을 다양하게 파악한다. 내 아이의 학습이 어디가 부족한지, 교사나 학부모가 원인을 찾기 힘들다면 원인 분석을 위한 다양한 시도를 해 볼 수 있다. 해당 검사는 사설 기관이나 병원에서 할 수도 있지만, 일단 비용이 발생하고 부모님들이 아이를 데리고 직접 전문 기관을 찾아 나서야 한다. 학교에서는 ADHD, 경계선 지능, 난독 등이 계속 늘어나는 원인마다 전문 지식과 대응 전략의 전문가가 되기 힘들다. 교과 지도, 생활 지도, 행정 업무 등까지 해야 할 일들이 많기 때문이다. 이 상황에서 담임 선생님의 책임지도만 강조하는 것은 현실을 무시하는 것이다. 또한 교사가 다양한 검사를 진행하려고 해도 검사마다 다른 진단 방법, 해석 방법을 익히기도 쉽지 않을 뿐 아니라 시중에서 판매하는 검사지도 소량 판매를 하지 않아 몇 명의 학생을 위해 대량의 검사지를 구입하기도 어려운 상황이다. 다양한 검사들마다 검사만큼이나 검사의 해석은 매우 중요한데 검사지마다의 해석 방법을 교사가 모두 익히기기에는 시간과 노력과 긴 과정의 연수 등을 위한 비용을 치뤄야한다. 하지만 학습종합클리닉센터에서는 검사지를 구비하고 있고, 해당 검사를 자주 이용하시는 분들이 계시기 때문에 검사 지원도 용이하고 검사지 구입이나 해석에 대한 도움도 받을 수 있다.

학습종합클리닉센터는 학습 부진에 관한 정보를 제공한다. 교사나 학부모가 앞서 진행된 검사로 우리 아이의 학습 부진 요인을 찾았다면 그 다음에는 이와 관련된 정보에 대한 안내를 받을 수 있다. 물론, 요즘에는 인터넷에서 다양하고 전문화된 정보를 얻을 수 있다. 그렇지만 내 아이에게 맞는 지원 방향과 목표, 우리 지역에서 찾아갈 수 있는 기관들의 정보를 찾기에는 한계가 있을 수 있다. 최소한 내가 만나는 아이들의 부모님들이 웹서핑하는 시간을 줄이고 학생에 대한 지도 계획 등을 세우는 일을 줄여드리고자 아이가 어려워하는 부분, 가정에서 함께 할 수 있는 노력들을 상담을 통해 안내해 드리고 있다. 정보 공유가 잘 이루어진 부모님께서는 아이에 대한 이해도도 높아지고, 센터에 대한 적극적인 지원도 이루어질 뿐 아니라 가정으로 작은 과제들을 보냈을 때도 지원이 잘 이루어진다.

학습종합클리닉센터는 공교육 내 책임교육의 실현이다.

첫번째로, 교사나 부모님이 아이의 부진 요인을 알고, 정보를 가지고 있어서 별도로 사설 기관이나 전문 기관을 찾는다면 웬만한 기관들은 지원 회기가 정해져 있다. 일부 타 시도나 Wee센터에도 지원 회기가 정해져 있다. 지원 회기를 정해 놓으면 지원 학생 수를 늘릴 수 있고, 많은 아이들에게 지원 기회를 제공할 수 있다는 장점은 있다. 하지만 강원도 학습종합클리닉센터는 센터 구축 초기부터 지원 회기를 지정하지 않았다. 20회기 또는 30회기만 하면 종결해야 한다는 것은 아이의 성장과 반응을 고려하지 않고 사례를 종결하는 것과 같다. 학습종합클리닉센터에 들어온 학생들은 학생들의 성장과 향상도를 살펴가며 1~3년까지도 계속 지원한다. 센터에 의뢰가 들어오는 학생들은 대부분 ADHD와 난독 의심, 경계선 지능 등 복합적인 요인을 함께 가지고 있는 학생들이 많기 때문에 단시간에 급격한 성장을 기대하기란 어려운 경우가 많다. 담임 선생님은 바뀌어도 센터 선생님은 바뀌지 않고 일관적인 지원을 할 수 있는 체계가 만들어진 것이다.

둘째, 학생들에게 찾아가는 학습 서비스를 지원한다. 센터에서는 학생이 있는 학교로 직접 찾아간다. 적어도 일주일에 한 번에서 많게는 세 번까지도 학교로 찾아가 학생을 지도한다. 만약 그 시간만큼 부모님이 아이를 데리고 교육지원청으로 방문을 하거나 외부 연계 시 병원이나 상담 기관으로 다녀야 한다면 생계에도 지장을 줄 것이다. 학습클리닉 전문가들이 학교로 찾아가는 만큼 아이는 별도로 기관을 찾아갈 필요 없이 학교에서 지원을 받을 수 있다.

셋째, 센터는 공교육의 학습 서비스 지원이다. 학습클리닉전문가가 검사를 하고 순회 지도를 하거나 간혹 방학 때도 지도하고 모자라면 추가로 지도하기도 한다. 간혹 비용을 지불해야 하느냐고 묻는 부모님이 계신다. 센터의 지원을 받는 데 있어서 부모님의 경제적 부담은 전혀 없다. 시수에 구애받지 않는 계속 지원, 찾아가는 학습 서비스, 부모님의 시간과 경제적 비용 해소를 통해 공교육의 책임을 다하고 있는 것이다.

결론적으로, 학습종합클리닉센터는 기초학력을 다룬다. 중·고등학교 선생님들을 만나 학습종합클리닉센터는 전공과목이 '기초학력'이라고 소개하면 가장 빠르고 쉽게 이해한다. 담임 선생님들이 계시는데도 학습종합클리닉센터에 신청을 해야 하느냐는 질문에 답이 될 수 있을 것 같다. 매년 복합적인 요인에 의해 학습적인 어려움을 가지고 있는 학생들과 함께한 지 10년이 흘렀다. 그동안 대상 학생들을 만나면서 적지 않은 경험들이 쌓이고 있다. 해마다 더 지도하기 어려운 학생들의 신청이 들어와 당황하는 것도 사실이다. 물론 힘들지만 학생 한 명 한 명을 만나 변화되는 것을 보면 그것으로써 보람을 느낀다. '천천히 배우는 아이들'만을 바라보고 '천천히 배우는 학생'만을 위한 국가 공식 체계가 바로 학습종합클리닉센터이다.

학교와 센터

학교에서의 부모는 담임 선생님이다. 학습종합클리닉센터가 아무리 선한 영향을 미친다고 해도 가장 중요한 사람은 담임 선생님이다. 이것은 부정할 수 없는 현실이다. 센터의 입장에서는 극복할 수 없는 현실이기도 하다. 그만큼 담임 선생님의 역할은 아이들에게 매우 중요하며, 저학년으로 갈수록 그 영향력은 절대적이다. 따라서 학교, 담임 선생님, 학습종합클리닉센터의 신뢰와 협력은 매우 중요하다. 통상적으로 한 아이당 주 2~3회 순회 지도를 하는 센터의 입장에서는 순회를 가지 않는 나머지 날들과 아이들을 늘 가까이 더 친밀히 가까이에 계시는 담임 선생님과 협력해야 시너지효과를 얻을 수 있다. 나 역시 지도하는 아이들의 담임 선생님들을 만나면서 다양한 관계를 형성해 나간다. 학생을 지도하는 것만큼이나 조심스럽고 신경이 쓰이는 영역 중 하나이다.

센터를 운영하는 데 있어서 담임 선생님과 협력하는 것의 중요성은 학습클리닉전문가 선생님들과 기회가 될 때마다 이야기한다. 내가 실천하고 있는 담임 선생님과의 협력은 계획서 공유, 미니 과제, 담임 선생님 면담이다. 학생을 처음 만나 학생의 부진 요인을 검사한 후에는 검사 결과를 정리해 담임 선생님께 드리고 상담을 하면서 지도 계획을 세워 자료를 드린다. 담임 선생님도 바쁘시고 간혹 순회를 갔다가도 일이 있어 급하게 와야 하는 상황들이 겹칠 때는 일일이 만나 수업에 관한 이야기를 못할 때가 있는데 '지금 진도는 이 정도입니다'라고 안내해 주는 자료가 되고, 방향과 목표를 공유하는 자료가 된다. 담임 선생님은 선생님대로 지도하시고, 센터는 센터대로 지도한다면 아이의 입장에서는 두 가지 트랙으로 인한 부담감이 생기고 교육 효과도 반감된다. 그 중에서도 특히 선호하는 방법은 '미니 과제'다. 오늘 아이와 진행한 수업 내용을 정리하여 담임 선생님께 드리고 가는 미니 과제 한 장이 별 것 아닌 것처럼 여겨질 수 있지만, 순회를 가지 못하는 날 담임 선생님과 함께 5~10분 동안 아이에 대한 정보를 교환할 수 있는 훌륭한 교재이자 자료가 된다. 수업 시간에 활용한 지도 방법까지 말씀드리고 오면 금상첨화다. 굳이 아이의 상황을 설명 드리지 않아도 담임 선생님께서 지도를 하시다 보면 아이의 반응을 보시면서 학생의 이해 정도를 파악할 수가 있다. 이후에 잠깐 선생님을 만나 면담을 하거나 상의를 드리면 상담 내용의 수준이 한층 높아진다.

학교와 센터는 협력이 중요하고 협력은 상호 신뢰에서 형성된다. 담임 선생님이 학습클리닉전문가를 신뢰하지 않고, 학습클리닉전문가도 담임 선생님을 신뢰하지 않으면 협력 관계는 이루어질 수 없다. 어린 남자 아이들을 키우는 나는 인사에 많은 신경을 쓴다. 아이가 보는데서 상대방을 어떻게 대하는지에 대한 태도를 자연스럽게 배우고 자기가 본 그대로 사람을 대한다. 더욱이 낯을 많이 가리는 우리집 아이와 같은 경우는 더욱 심하다. 부모가 물건 파시는 분을 경계하면 아이도 그 사람을 경계한다. 이와 마찬가지로 학교에서 담임 선생님이 강사나 비정규직 분들을 대하는 태도를 아이들은 자연스럽게 보고 배우게 된다. 담임 선생님이 청소하시는 분들이나 조리종사원 분들, 또는 교무행정사를 비롯해 학교에 들어오는 수많은 강사분들을 대하는 자세는 아이들에게 그대로 투영된다. 수업 시간에 수업으로 배우는 예절과 존중보다 큰 영향력이 있다고 본다. 사람에 대한 존중, 배려, 파트너십이 신뢰를 만든다.

공부

나무(아이들은)는 자신의 성품을 스스로 바꾸기 어렵다. 농부가 접 부침을 해 주거나 토양의 형질이 바뀌어야 한다. 스스로 적응하고 유전되어 형질이 바뀌기 위해서는 헤아릴 수 없는 시간이 필요하다. 어쩌면 해결되지 않을 수도 있다. 학부모 상담을 하다 보면 대부분의 아버지들은 '시간이 지나면 괜찮아 질 것'이라고 말씀하신다.

"나도 학교 다닐 때 공부를 진짜 못했는데 지금 잘살고 있잖아"라고 말씀하신다. 그럼 이어 아버님들에게 "그럼 그때로 돌아가시겠어요?" 한다면 모두 아니라고 한다. 아이들이 교실에서 수업을 들을 때 나 혼자 못 따라가던 것은 결코 유쾌한 경험이 아니다.

"시간이 지나면 괜찮아질 거야."

그럼 언제까지 기다려야 하느냐고 묻고 싶다. 공부엔 마지노선이 있다. 마지노선을 계속 놓치면 뒤늦게 깨달았을 때 더 이상 좇아갈 수 없거나 더 큰 비용을 치러야 한다. 아이들이 나중에 깨닫고 다시 공부를 시작하려고 할 때 좇아갈 수 있는 기초를 마련해 주어야 한다. 지금 조금 이해하고 따라가면 수업 시간에도 잘 참여하고 교육과정을 따라가며 재진도를 맞춰갈 수 있는데 "나중에는 좋아질 거야"라는 생각은 그 '나중'까지 아이들은 수업시간에 갑갑한 시간을 덩그러니 버티라는 이야기와 같다. 그리고 더 열심히 지금까지 익히지 못했던 것들을 익히는 시간과 현재 수업 진도를 동시에 두 마리 토끼를 모두 잡아야 한다.

학습클리닉전문가가 생각하는 공부란?

학생들이 '공부'를 대하는 태도는 삶을 대하는 태도에 영향을 미친다고 생각한다. 공부를 할 때 학습 내용을 배우는 것도 중요하지만, 지금 당장 0점, 100점을 맞는 점수보다 중요한 가치가 있다고 생각한다.

운동 선수는 부단히 연습하고 노력하여 자신의 기술을 연마한다. 훈련으로 체력을 키워 자신의 성품을 만들고 스스로를 연단한다. 우리 아이들이 지금 성적이 조금 낮고 공부하는 것이 어렵더라도 한 가지씩이라도 성취해 나가는 태도는 교과 내용 이상으로 중요한 가치다.

내가 만나는 아이들 중에는 '싫어요, 집에 갈래요'라고 말하면서 무조건 회피하고 외면하려고 하는 아이들이 있다. 어른인 나도 외면하고 싶은 때가 있는데 아이들이라고 다를까?

나는 학창 시절 친구들 사이에서 '노력은 하는 데 성적이 안 나오는 학생'이었다. 지금도 간혹 어린 시절 이야기로 놀리는 친구들이 있다. 그렇지만 나는 적어도 시험 계획을 세우고 나한테 맞는 공부법을 찾고, 공부에 대한 공부가 필요하다는 점을 배웠다. 삶을 살다 보면 어려운 순간이 찾아온다. 직장에서도 자기 분야의 전문성을 위해 공부를 해야 한다. 이때 직면한 문제를 무조건 피하기보다 하나씩 익혀가고 계획을 세워 해결하는 자세를 견지하고 있다.

아이러니하게도 학습 부진 아이들일수록 학습장면에서 성공 경험이 쌓일 때 자존감이 크게 성장한다. 공부에게 거짓 없는 노력으로 다가설 때 공부에 대한 성공 경험이 늘어나고 내 것이 된다.

오늘 수업하는 아이들에게도 말한다.

"포기하지 말자. 해 보자"

전문성

학습종합클리닉센터는 전문성이 생명력이다. 전문성에 필요한 시간, 10,000시간을 이야기하듯 과정과 시간이 필요하다. 교사도 신규 교사가 있고, 의사도 인턴과 레지던트가 있다. 박사도 학사, 석사를 거쳐야 한다. 가끔 이 사람이 전문성이 있느냐는 문제 제기가 되는 경우를 보면 저경력 선생님들인 경우가 많다. 도교육청 담당자로서 센터에 대한 전문성 논란이 불거질 때가 가장 가슴이 아프다. 우리 강원도는 학습종합클리닉센터를 2014년 빠르게 무기 계약으로 전환하고 직종명에 '전문가'라는 타이틀을 붙여 주면서 비교적 빠르게 안정화를 꾀할 수 있었다. 매년 계약을 걱정하지 않아도 되니 마음의 불안이

해소됐다. 선생님의 안정적인 마음 상태가 아이들에게도 긍정적 영향으로 다가설 수 있었고 담임 선생님이 바뀌어도 계속 지도가 가능해졌다. 연수를 진행해도 연속성을 확보할 수 있었다. 매년 학습종합클리닉센터 담당자가 바뀌면 연수를 진행한 노력을 매년 반복해야 하는 수고도 줄어들었다. 축적된 연수로 부족한 부분을 차근차근 메꿔 갈 수도 있다.

아이들이 다양한 만큼 증상별 전문 지도 방법도 다양해져야 한다. 지능검사 연수, 학습 유형 관련 연수, 학습 기술, 이상 심리학, 한글 지도, 기초 수학에 이르기까지 다양한 분야를 채워 나갈 수 있었다. 그중 학습종합클리닉센터의 핵심 과제는 한글, 기초 수학이다. 지금은 전국에 많은 학습종합클리닉센터에서 문해 교육을 시도하지만 2017년까지만해도 타 시도에서는 접근하지 않았다. 센터에서 문해 교육을 실시하게된 배경은 크게 두 가지로 나눌 수 있다. 강원학습종합클리닉센터에서도 초기에는 학습 정서와 학습전략지원에 중심이 있었다. 그런데 문제는 학생들이 그보다 심각한 어려움에 처해 있었다는 것이다. 학습 부진의 원인을 찾아 내려가다 다달은 곳이 '한글'이다. 기저에 한글과 기초 수학부터 제대로 이루어지지 않으면 그 위에 교과 학습의 벽을 쌓을 수없었다. 2017년 강원도교육청이 한글 교육 책임제를 실시하면서 2016년 말부터 학습종합클리닉센터에서 심각한 읽기 어려움을 겪는 학생들을 지원하기 위한 대응 체계를 구축해야 한다는 필요성이 제기됐다. 이로써 다양한 요인으로 인해 한글 해득이 안 된 학생들을 지원하기 시작했다. 이 지점이 Wee센터와 역할을 구별하게 된 지점이 되었다. 학습종합클리닉센터는 Wee센터와 일반 교실의 징검다리이자 디딤돌과 같은 역할을 한다. 학습으로 나아가기 위한 매슬로우의 원칙에서 교두보가 된 것이다. 센터는 이 한글 교육을 중심축으로 세우고 ADHD와 경계선 지능 학생들의 지원에 살을 붙이기 시작했다. ADHD가 있어도, 경계선 지능 학생이어도 학습을 위해서는 한글이 가장 기초적인 도구이기 때문이다. 주의력이 부족하거나 난독이 의심되고 지능이 낮다는 이유로 수업 시간에 집중력이 떨어지는 학생들도 한글이 해득되면 집중력이 좋아지는 효과를 누릴 수 있다. 그도 그럴것이 안 그래도 부족한 주의력에 한글도 모르니 집중을 하고 싶어도 할 수 없었는데 이제 책을 보고 읽을 수 있으니 잠깐씩이라도 집중할 수 있는 에너지원이 생기는 것이다. 더 놀라운 것은 학습에서 늘 실패하던 아이들이 한글이 해득되면서 자존감도 좋아졌고, 학습 동기도 향상되었다. 역설적이게도 학습 부진을 학습 성취를 통해서 타개할 수 있었다. 우리도 우리가 전혀 모르는 외국어(예를 들면, 아랍어 등)로 교과 수업을 듣고 있다면 전혀 집중하지 못할 것이다. 글자가 읽어진다는 것은 수업에 동참할 수 있는 힘이 생긴다는 것을 의미한다. 한글과 기초수학은 학습의 기본 도구이자 삶을 살아가는 호흡이 된다.

학습종합클리닉센터의 전문성은 신뢰와 직결된다. 학습클리닉전문가가 전문성이 있어야 교사가 센터를 신뢰하고 아이와 부모님이 신뢰한다. 신뢰가 없는 교육은 성공할 수 없다. 아이들이 학습클리닉전문가에 대한 신뢰가 없다면 모든 노력이 무용지물이 될 것이다. 센터의 전문성과 신뢰는 지역 사회와도 연관이 있다. 학습종합클리닉센터가 '천천히 배우는 아이'에 대한 신뢰가 있어야 지역아동센터, 상담 기관 및 병원들이 함께 협력하여 아이들을 도울 것이다. '센터에 가면 이 부분은 확실히 향상되더라.' 하는 전문성을 인정받아야 한다.

처음 센터가 개소했을 때는 우리가 학습 부진의 요인을 병원처럼 해결해야 한다고만 생각했다. 병원에서도 할 수 없는 일을 해야 한다는 중압감은 이루 말할 수 없었다. 하지만 한 가지 확실해진 것은 병원이 병명을 진단하고 약으로 처방한다면, 우리는 재활 훈련을 시켜 주는 것과 마찬가지라는 것이다. '난독이 센터에서 해결이 되요?'라는 질문을 한다면 '저희가 완쾌를 시켜줄 수는 없지만 극복은 시켜 줄 수 있어요.'라고 이제는 확실히 말할 수는 있다.

한글 문해 교육에 대한 연수는 한국난독증협회와 함께했다. 2017년 60시간, 2018년은 17년도 연수를 토대로 자체 연구회를 운영했다. 2019년에 100시간의 심화 전문가과정 교육을 듣고, 2020년도 난독협회에서 문해교육전문가 자격을 얻었다. 연수는 들었지만 자격시험에서 떨어지신 분도 있고 사정상 중도 포기한 분도 있어서 연수는 모두 들었지만, 최종 22명중 13명이 자격을 얻었다. 연수는 강의를 듣고 미리 선정한 지도 대상 학생을 지도하여 일정 시수 지도 후 사례 보고를 하면 슈퍼바이저에게 피드백을 받고 다시 지도하는 방식으로 진행됐다. 일련의 과정을 모두 마친 후에야 사례 종결 시 발표를 통해 사례 보고를 하면 비로소 자격이 주어진다. 만만치 않은 시간과 노력이 필요했지만 그만큼 변화되는 아이들을 바라보며 보람도 컸다.

시간이 전문성을 담보하지는 않지만, 전문성을 갖추는 데는 시간이 필요하다. 의사도 전문의가 되기 위해서는 의예과 2년, 의학과 4년, 인턴 1년, 레지던트 4년이 걸려야 한다. 의사들 사이에서는 환자 몇 명을 실패하고 나서야 진짜 의사가 된다는 말도 있다. 이와 마찬가지로 센터에 처음 들어와 만났던 아이들을 돌아보면 미안하기만 하고 내가 가르친 것이 있나 싶기도 할 정도다. 시간이 지날수록 다양한 아이들을 만났다. 신기하게도 '올해처럼 힘든 아이들은 더 이상 없을 거야.'라고 생각하지만 그런 기대는 여지 없이 깨지고 만다. 공식적인 자료가 있는지는 모르지만 우리 학습클리닉전문가 사이에서는 해마다 더 심각한 상황에 있는 아이들이 들어온다는 것을 체감하고 있다. 오늘 내가 만나는 아이 하나가 하나의 사례이고 나의 경력이자 전문성의 바탕이 된다. 학습클리닉전문가의 전문성은 학생을 만나고 지도하는 것이다.

성과

학습종합클리닉센터에 인력도 있고 예산도 들어가는데 성과는 무엇인가? 참 많이 듣는 질문이다. 처음 도교육청에 왔을 때 어떤 분께서는 "학습클리닉센터도 생겼는데 학업 성취도 평가도 이제 올라가야죠?"라고 말하기도 한다. 당시에는 '나는 성취도평가 결과만 올려주려고 온 게 아닌데'라며 속으로 눈물을 훔치기도 했다. 그만큼 센터에 대한 성과를 기대하시는 분이 많았다. 센터 구축 초기에는 아이들의 증상과 경중, 반응이 모두 다르기 때문에 양적 결과를 자료로 만들수 없었다. 정서적인 부분을 어느 하나의 잣대로 점수를 내기도 어려웠지만, 대부분 정서적인 검사 도구들은 자기 보고식이기 때문에 학생의 실력이 실제로 향상되었는지를 측정하기는 어렵다. 그러나 앞서 이야기한 바와 같이 기초학력 향상을 위한 가장 기초 학습 도구인 한글에 대한 큰 중심축을 세우고 나니 학생들의 성장 상태를 볼 수 있었고 중재지도를 할 수 있는 시도가 가능해졌다.

한글교육책임제가 실시된 2017년에 20명의 학생들로 성장도를 분석한 이후 학습종합클리닉센터에서 자체 개발하여 만든 학생 개인 성장이력 관리 파일을 만들고 자료를 분석하기 시작했다. 한글의 영역별 검사를 진행하고 사전과 사후를 분석하여 향상도를 나타낼 수 있다는 것도 기분이 좋았지만, 결과는 더 놀라웠다.

2017년도에 학습클리닉전문가들이 심각한 읽기 어려움의 학생들을 지도하기 위해 연수를 진행하면서 사례 대상으로 지도했던 아이들 20명 중 중도에 특수 교육으로 입교된 2명의 아이를 제외하고 18명의 사전-사후 지도 결과를 분석한 결과, 한글 해득 수준검사도구(한국교육과정평가원)의 정답률이 사전에 66.8%에서 93.3%로 향상되었다. 무려 26.5%가 향상되었는데 95%가 혼자서 책을 읽을 수 있는 정도의 수준이라고 하니 93.3%는 비약적인 발전이었다. 지도하면 된다는 자신감과 보람을 찾을 수 있는 순간이었다. 동시에 학습종합클리닉센터에서 지도한 학생들의 직접적인 변화를 보여 줄 수 있는 계기가 마련된 것이다. 이전까지 센터의 성과를 물을 때, 단순히 지원 학생 수와 순회 지도 수, 캠프 운영 수와 같이 투입으로만 성과를 내기보다 산출이 가능해졌고, 만족도에만 의존하던 주관적인 평가가 아이들의 직접적인 향상도로 세분화할 수 있었던 것이다.

우리는 보다 정교하게 학생들을 진단하고 그 결과를 기록하는 것에 집중했다. 어려웠지만 센터에 신청이 들어오면 반드시 실시해야 하는 필수 검사를 지정했고, 사전 검사 결과들을 입력하면 담임 선생님과 부모님께 드릴 수 있는 검사 결과 보고서가 자동으로 생성되는 양식도 구현했다. 처음에는 학습클리닉전문가 선생님들이 '어렵다', '번거롭다' 등과 같이 고통을 토로하시기도 하고 반대도 있었지만, 그 취지를 수용하여 작성하고 의견을 모아 서식을 개선해 나갔다. 검사 결과가 한눈에 정리되고, 심리 정서 검사 결과들이 전문 용어로 출력되는 날 것의 검사 결과보다 학습클리닉전문가가 해석한 해석 결과지를 제공해 드릴 수 있게 된 것이다. 교사와 학부모님들에게서 모두 좋은 호응을 얻었다. 2017년부터 사용한 학생 성장 기록 서식 파일은 이제 강원도만의 노하우가 담긴 재산이 됐다.

어느덧 이제는 초등학교 선생님들 사이에서 한글 미해득 학생에 대한 지도 전문성은 조금씩 이해를 받고 있는 느낌이다. 성과 분석은 센터 운영에 있어서 투입 대비 효과성이기도 했지만 가시적으로는 학생들의 성장과 향상도를 분석하여 지도하는 근거 기반의 중재 지도가 가능해졌다는 것을 의미한다.

'천천히 배우는 아이들'의 민감한 자료들이 포함되어 있어 자랑은 하지 못하지만 국민의 세금으로 운영되는 학습종합클리닉센터의 성과를 학생들의 변화로 입증하는 중요한 기록이 되고 있다.

통합

사회의 다변화는 그만큼 학생들에게 다양한 상황을 만들어냈다. 가정의 모습도, 경제적 상황도, 구성도 다양해졌다. 아이들의 생물학적인 특성도 다양해졌고, 내적 갈등과 상황이 얽히고 설킨 아이들도 많아졌다. 즉, 단순히 한 가지 문제가 아닌 복합적인 요인으로 어려움을 겪는 아이들이 많다. 교육부에서 기초학력 보장 계획을 통해 추진하고 있는 두드림학교의 중요한 핵심 가치도 이러한 학생들을 다면적으로 돕기 위해 학교 내 다중 지원팀을 구축하는 것이다. 이제는 학교에서뿐 아니라 교육지원청 및 시도 교육청에도 통합 체계를 구축하기 위한 다양한 노력이 추진되고 있다.

강원도는 2014년부터 '학생성장네트워크'를 운영했다. 학생성장네트워크는 Wee센터, 행복나눔교육복지, 학습종합클리닉센터가 협력을 지원하는 사업이다. 2014년부터 2016년까지는 사업의 협력이었다면, 2015년 말부터는 2016년 3월 1일자 조직 개편을 앞두고 발표한 "2016. 3. 1.자 조직 개편 계획 알림(2015. 8.)" 계획에 2017년 완성을 목표로 Wee센터로 통합 추진하려는 계획이 담겼다. 이후 통합 논의는 급물살을 타고 2016년 9월부터 도교육청 정책기획관주도로 본격적인 통합 협의가 시작됐다.

학습종합클리닉센터는 기초학력 업무의 연계성 단절로 인한 방향성을 잃고 학습 부진 학생 지원이 아닌 위기 학생 위주의 지원으로 기본 방향이 틀어질 수 있다는 점을 우려했다.

Wee센터는 현재 센터를 갖추기 위해 센터의 기능과 구성원들의 역할을 갖추기 위해 노력한 그간의 시간들을 다시 되돌려 새로운 센터를 구축하는 데 어려움을 나타냈다. 현재 센터의 실장의 권한을 인정해 주고 지금의 Wee센터 체계를 유지해 추진하길 원했다.

행복나눔 교육복지는 센터 통합의 목적과 비전에 적합한 조직 및 인적 구조 등을 반영하여 기능적 재구조화 설계가 바림직하다는 의견이었다. 센터별 태생과 각각의 목적과 문제점을 고려하여 종합적인 의미의 수평 통합 방향을 제시하였다.

실제로 물리적인 통합을 위해서는 인력과 조직을 어떻게 구성할 것인지, 신청서를 받고 1차 신청에 대한 1차 분류를 누가 어떻게 하고 그에 따른 지원 체계는 어떻게 잡을 것인지, 그에 따라 본청과 교육지원청, 더 나아가 학교에서는 업무를 어떻게 조정해야 하는지 등이 현실로 다가왔다. 예산도 문제였다. 특히 학습종합클리닉센터는 교육부로부터 기초학력 사업과 함께 내려오는데, 때마다 예산을 과를 분리하여 편성해야 하고 집행 현황, 결과 보고 등을 매번 따로 취합하여야 하는 번거로움이 예측됐다. 조직을 갖춤에 있어 장학관 및 장학사 1명씩 두고 학습종합클리닉센터, Wee센터, 교육복지 업무를 담당해야 하는데 장학사 1명이 세 개의 센터를 관리하기에는 업무 과중이라는 판단이 섰다. 결국 추진은 보류하고 현재 사업을 잘 운영하되 그만큼 협력을 잘해야 한다는 다짐을 했다.

통합에 대한 논의는 3년 뒤에 다시 이루어졌다. 2019 조직 개편 기초안(2018. 8.) 계획에 '학생지원센터'를 만들고 위기학생지원(Wee센터),

학교폭력 가(피)해 학생 지원, 학습종합클리닉센터운영, 학업 중단(학교 밖) 학생 지원, 교육복지지원센터운영, 다문화센터, 정신 건강(정서 행동 특성) 업무 지원, 자살 예방(생명 존중)·흡연·음주·약물 오남용· 성매매·성폭력·성희롱·성교육·성평등 교육·가정 폭력·아동 학대·인 터넷 스마트폰 중독 관리 지원 사업의 통합 운영을 하는 것에 대한 계획이 세워지면서 다시 한번 논의가 본격화됐다. 센터는 과수준으로 꾸려지고 장학관 1명, 장학사 1명과 담당 운영자들이 포함되는 것으로 계획이 수립됐고, 이 계획은 마침내 실행되어 강원도에는 학생지원센터가 시작되었다.

하지만 여기서 학습종합클리닉센터는 기초학력 책임교육에 더 중점을 두고 운영하는 것으로 결정됐다. 당시 학습종합클리닉센터도 당연히 학생지원센터에 통합이 되어야 '한다', '말아야 한다' 갑론을박이 가장 마지막까지 있었다. 모든 센터가 한 곳에 모이는 것이 이상적으로는 맞다. 국민들에게 통합지원서비스 체계 구축 현황을 보여 주기에도 좋다. 복잡한 절차를 한데 모으고 종합적인 판단을 한 자리에서 한다는 것은 최고의 장점이다. 이것 또한 중요한 가치이지만 학습종합클리닉센터가 기초학력 책임교육과 결을 함께하고 교육과정에서 다루어야 한다는 교육적 가치에 보다 더 집중했던 결정이었다.

학교에서 배워야 할 것들을 정해 놓은 것이 바로 교육과정이다.

학교에서 무엇을 배워야하고 어떠한 학습을 통해 어떠한 소양을 함양해야 하는지의 기준을 제시한 것이 교육과정이라면, 이 교육과정을 잘 이해하고 잘 쫓아가는 아이들이 있는가하면 늘 어려워하고 힘들어하는 아이들이 있다. 잘하는 아이들을 위한 교육의 필요에 따라 영재교육을 법으로 제정하고 추진한다면, 우리는 교육과정에서 조금 뒤에 따라오는 아이들을 도와줄 필요가 있다. 교육과정에서 뒤떨어지는 아이들에 대한 책임교육이 기초학력 지원 사업이다. 기초학력이 교육과정에서 벗어나면 안된다는 교육적 철학을 다시 세우고 '책임교육과'에서 '교육과정과'로 기초학력 사업을 재편했던 2016년의 지난 경험을 기억하고 중심을 지킨 것이다. 강원도교육청이 추진하고 있는 기초학력 추진 계획 3단계 조기 개입 단계에 맞춰 학교에서 해결하기 어려운 학생들을 지원하기 위한 학교 밖 지원 중 2단계에 속하는 학습종합클리닉센터를 유지한 것이다.

복합적 요인에 따른 학생들을 입체적으로 돕기 위해서는 통합사례관리가 필요하다는 배경은 학습클리닉전문가들도 공감한다. 하지만 통합사례를 해야 하는 부수적인 업무로 인해 본래 취지의 기초학력 지원 사업에서 학습종합클리닉센터를 분리한다면 향후 5년 이상을 담보할 수 없는 보여 주기식 행정이라고 생각한다. 그도 그럴 것이 학습종합클리닉센터를 운영하는 전국 타 시도의 경우 시도 교육청 본청에 학습종합클리닉센터 담당자가 있는지, 있다면 기초학력 담당 장학사와 같은 곳에 있는지가 상당히 중요한 요인으로 작용하고 있다고 보았다. 학습종합클리닉센터가 기초학력 책임 사업과 분리되어 부서를 옮겨간다면 지금 당장은 괜찮을지 모르지만 기초학력에서 학습종합클리닉센터는 부담스러운 업무에 불과해질 것이다.

강원도에서 한글교육책임제를 시행하는 것에 발맞춰 학습종합클리닉센터에서도 보다 심각한 읽기 어려움이 있는 학생에 대한 대응 체계를 마련했던 것은 한글교육책임제 성공 못지않게 '천천히 배우는 아이들'에게는 중요한 지원이 되었다고 본다.

모든 사업을 한데 묶어 2인 3각을 할 것인지 서로 서로가 발맞춰 움직여야 하는 매스스타트를 할 것인지 고민해야 한다. 내가 생각하는 수요자 입장에서 one-stop 서비스는 아이를 출산하고 출생신고 할 때 경험할 수 있었다. 아기가 태어나 감격스러운 마음으로 주민센터에 출생신고를 하러 가면 담당자는 출생신고서, 출산지원금, 양육수당, 전기료 감면 신청서 등을 한꺼번에 내 준다. 주민센터가 한전까지 물리적으로 통합하지 않고도 신청을 한 번에 할 수 있도록 한 것이다. 의사도 모든 환자를 협진하지 않듯 필요와 상황이 발생하였을 때 협력할 수 있는 체계 마련이 진정한 통합의 지원을 이뤄낼 수 있는 현실적인 대안이 아닐까 생각한다.

앞으로

　　수학이 어려운 아이들에게 종종 실시하는 간단한 테스트가 있다. 0에서부터 10까지 빈 수직선을 그어 놓고 '7은 어디쯤 있을까?' 하면 수 개념이 없는 아이들은 보통 '9'가 있어야 할 위치쯤 찍곤 한다. 자녀가 있는 분들이라면 한 번 시도해 보기 바란다.

그럼 묻는다.

나는 어디쯤인가?

센터는 어디쯤인가?

수 개념이 그 수의 양적 개념을 알 때 다양한 수식에 대입하며 문제를 해결할 수 있듯이 나의 수개념, 즉 인생 개념이 부족하여 다양한 수식에 대입하고 그 양에 대한 판단이 미미하다. 나는 어디쯤에 있을까?, 그리고 어떤 수식을 적용해야 할까? 인생에는 답이 없다. 뒤돌아보니, 인생의 목표를 잡는 것도 어려워 나야말로 방황하고 있지는 않나 싶다.

그러니 센터의 앞날을 고민하는 것도 인생의 목표를 잡는 것만큼이나 어려운 일이다. 그도 그럴것이 학습종합클리닉센터는 지금 우리나라에서 없던 길을 가고 있다. 누가 보여 준 길을 가는 것이 아니다. 그래서 대부분의 시도가 학습종합클리닉센터의 추진 방향과 운영 방법을 두고 고민한다. 지금 잘하고 있는지 어디쯤인지 누군가 와서 컨설팅을 해 주기를 바라지만 앞길을 아는 사람을 찾는 것도 쉽지 않다. 지금 이 곳에 몸 담고 있는 내가 바로 가장 현실을 잘 아는 사람이다.

기초학력 보장법과 그 시행령이 제정되면서 학습종합클리닉센터의 근거가 마련될 수 있을 것이라 기대했다. 근거가 마련되면 뿌리를 든든히 박고 더욱 힘차게 줄기를 뻗고 열매를 맺을 수 있을 줄 알았지만 현실은 그렇지 못했다. 이후에 어떻게 개정이 될지 모르겠지만 10년 애쓴 노력의 보상도 없이 새로운 기초학력종합지원센터를 지정 운영하도록 법이 만들어졌다. 학습종합클리닉센터를 두고 기초학력종합지원센터를 다시 지정·운영해야 하는 법이 됐다. 학습클리닉전문가 선생님들은 우리는 어떻게 되느냐 종종 물으시지만 딱히 해 드릴 답이 없다. 정년은 보장받았지만, 정년까지 있을 수 있을지 모르는 참으로 어려운 상황에 놓여 있다. 주변 지인들은 "승진도 못하는데 거기 몇 살까지 있을 거야? 여자는 괜찮아도 가장은 그 일 못해."라고 말한다. 문득 문득 현실을 깨우쳐 주는 말이다.

학습클리닉전문가 10년. 나는 이제 이 일이 소명이 됐다. 학습이 어려워 도움이 절실한 아이들에게 손을 내밀어 주고 싶다. 누군가는 손을 내밀고 누군가는 그 아이들을 도와야 하지 않을까? 공교육에서마저 우리 아이들의 손을 놓는다면 아이들은 갈 곳이 없을 것이다.

아이들에게 공부를 '포기하지 마'라고 하는 것은 사실 나 스스로에게 하는 주문과도 같다. 학습종합클리닉센터는 특수 교육으로 입교하거나 학업을 포기하는 아이들에게는 마지노선이다. 더 좋은 정책이나 기반의 변화를 수용하는 것만큼이나 중요한 것은 기틀을 잡는 것이다. 뿌리가 튼튼해야 바람을 성장 동력으로 이용할 수 있다. 뿌리가 약하면 생명이 단절될 수밖에 없다. 학습종합클리닉센터의 뿌리는 기초학력이다.

오래된 기사이기는 하지만 「메디칼타임즈」의과대학을 수석 졸업한 의대 및 의전원 의사들도 71%가 국민이 의사를 불신하고 있다고 느낀다고 답했다. 기사는 수석 졸업한 의사들의 인식을 묻는 것이기는 했지만 의대를 수석 졸업한 의사들도 신뢰를 얻기 위해 노력한다는 면에서 학습종합클리닉센터의 신뢰도 향상을 고민할 때 큰 위로가 되기도 했었다. 앞으로 학습종합클리닉센터가 어떠한 모습으로 변화하고 성장해 갈지는 모르겠다. 하지만 판사도, 교사도, 자영업자도, 우리 사회를 구성하는 모든 이들에게 신뢰란 사회를 이루는 중요한 덕목이듯 학습종합클리닉센터 역시 신뢰에 대한 고민과 노력을 계속해 나갈 것이다. 지금 내가 지도하는 학생과, 선생님, 부모님과의 작은 신뢰가 쌓이면 단단한 기초가 될 것이라고 믿는다. 기초학력에 대한 정보가 부족하고 필요할 때 교사나 학부모가 가장 먼저 찾고 신뢰받는 학습지원센터가 되어 학생의 성장과 변화를 이끌어내는 지역사회의 '기초학력종합지원센터'로서의 역할을 감당하는 센터로 성장하고자 한다.

에필로그

강원도 학습종합클리닉센터의 길
(10년의 흔적)

강원도의 학습종합클리닉센터는 현재 강원도교육청과 17개 교육지원청, 그리고 양양교육지원센터까지 1센터를 포함해 전체 19센터에 22명의 학습클리닉전문가와 전체 250명의 기초학습지단이 활동하고 있다.

철원
T.450-1054

화천
T.440-1563

양구
T.480-1462

고성
T.680-6038

속초
T.639-6028

인제
T.460-1065

양양
T.670-9210

강원도교육청 T.258-5406

춘천 T.259-1615,1617

홍천
T.430-1143

평창
T.330-1792

강릉
T.640-1214,1215

횡성
T.340-0325

정선
T.560-8163

동해
T.530-3022

원주
T.760-5674,5676

영월
T.370-1134

삼척
T.570-5135

태백
T.580-5584

센터는 2012년 7월 '학습클리닉센터'로 시작했다. 2012년에는 17개 교육지원청에서 각 1명씩 17명이 6개월 계약직 학습클리닉강사로 시작해서 이듬해(2013년)에는 강사라는 직종명으로는 학교 호응에 어려움이 많아 '학습클리닉교사'로 명칭을 변경하고 다시 1년의 사업을 계획하여 추진했다.

이 1년, 2013년이 이후 학습클리닉센터의 운명에 중요한 밑거름이 되는 시간이 되었다. 2013년 강원도교육청에서는 학습클리닉센터 업무에 대한 지속성을 판단했고, 그 결과 사업 지속에 대한 필요성을 인정하여 자체 인력관리심의위원회를 통해 무기계약 전환에 대한 의결 심의를 했다. 무기계약직이 많아진다는 것은 교육청이 사업비를 더 확보하고, 인건비성 예산의 성격상 한 번 결정하면 많은 예산을 계속 투입해야 한다는 부담감으로 이어진다는 것을 의미한다. 하지만 교육은 곧 사람이 해야 하고 그것이 우리 '천천히 배우는 학생'에 대한 가장 즉각적인 지원이라는 판단의 배경이 있었다. 비로소 학습클리닉센터에 종사하는 학습클리닉교사라는 명칭을 '학습클리닉전문가'로 변경하고, 2014년 2월 근무 기간이 1년 이상이었던 15명을 무기 계약으로 전환하는 것을 의결하였다. 또한 2014년 1월 1일부로 강원도교육청 책임교육과에 학습클리닉전문가를 배치하여 도교육청 차원에서도 기초학력을 지원하고 학습클리닉센터를 운영하도록 조직을 구성하게 되었다. 학습클리닉센터를 안정화하기 위한 초석이 이때부터 마련했다고 해도 과언이 아닐 것이다. 담당 인력으로 안정화를 얻을 수 있다는 것은 업무에 대한 책임과 집중도가 높아질 수 있다는 것을 의미하고 그 영향은 고스란히 학생들에게 선한 영향력으로 전달된다. 연수를 진행하면 연수를 통한 전문성들이 쌓이면서 보다 다양한 증상과 학생들에게 대처할 수 있는 역량이 길러졌고, 연말마다 재계약 여부를 걱정해야 하고 수당을 걱정하면서 생계를 걱정하지 않아도 되므로 학생들만 바라볼 수 있는 여건이 조성된다. 담임 선생님은 바뀌어도 클리닉 선생님은 바뀌지 않으면 아이들이 안정감을 찾기 시작한다.

학습클리닉센터는 2016. 3. 1.자로 시행한 조직 개편에 맞춰 정식 명칭을 학습종합클리닉센터로 최종 변경하고 2017년 강원도교육청에서 시작한 한글책임교육제에 발맞춰 난독 학생과 심각한 읽기 어려움이 있는 학생을 지원하기 위한 실질적인 진단과 처방의 전문성 향상 연수를 60시간에 걸쳐 1년간 실시하였다. 이후 2018년, 2019년까지 계속 이어진 연수로 2020년에는 학습클리닉전문가가 한국난독협회에서 주관한 문해교육전문가 자격을 취득함으로써 실제로 학습종합클리닉센터에서도 읽기 어려움이 있는 학생들을 지도할 수 있는 자격을 갖추게 되었다. 이는 난독이 의심되거나 심각한 읽기 어려움이 있는 학생들이 자비를 들여 치료 기관에 가지 않아도 되고, 전문 기관에 대한 정보를 찾기 위한 시간과 찾아가야 하는 수고를 덜 수 있었다. 상담 및 치료비를 지급해야 하는 경제적 부담도 줄이는 성과를 거두었고 전문적인 지원이 공교육에서도 가능하다는 성과를 낼 수 있었다. 또한 학습클리닉전문가들은 변화하고 성장하는 아이들을 바라보며 오히려 학습클리닉전문가들이 자신감을 갖을 수 있었다.

이로 인해 학습종합클리닉센터의 지원 학생 수는 해마다 늘어갔다. 개별지원과 한 학생에 대한 주당 시수의 집중 지원을 위해 학생 수를 의도적으로 조절한 2019년에는 학생 수가 소폭 줄었지만, 코로나19로 인한 학습 격차 심화는 학습종합클리닉센터의 역할을 더욱 강조했고, 센터의 중요성이 부각되었다. 이와 더불어 학습클리닉전문가의 전문성 향상과 업무의 지속성은 기초학력의 흔들리지 않는 지원을 가능하게 했다.

기초학력의 향상이 왜 이루어지지 못하는지에 대한 물음이 꼬리에 꼬리를 물고 그 해답을 찾아가다 보면 정의적인 영역 외에 인지적인 측면에서는 결국 한글과 기초 수학, 수 감각과 수 개념 형성 미흡의 가장 최소 수준의 결손이 원인이라는 결론에 이르게 되었다. 이로 인해 강원도교육청의 큰 흐름에서 한글교육책임제를 시작할 때 ADHD나 난독증 또는 지능이 경계선인 복합적인 이유 등으로 학교에서도 한글 해득이 안 되는 심각한 아이들에게 전문적인 진단과 근거 기반의 중재 지도를 실시하면서 개별화 지도 지원이 가능해졌고, 이에 따라 1단계 학교 – 2단계 교육지원청 – 3단계 전문기관으로 이어지는 진정한 기초학력 3단계 조기 개입 시스템이 구축되었고 구동되었다.

2012년 : 학습클리닉 센터 구축

2012.7.1 개소.
17개 교육지원청 17센터 학습클리닉강사 17명

2013년 : 학습클리닉센터 현장 착근

644명   644명 지원. 예산 : 1,491,972천 원
17개 교육지원청 17센터 학습클리닉교사 17명

2014년 : 학습클리닉센터 안정화

1,208명   1,208명 지원. 예산 : 1,990,806천 원
본청 및 17개 교육지원청 / 18센터 학습클리닉전문가 21명

2015년 : 센터 인식 확산과 기초학습지원단 구축

1,419명   1,419명 지원. 예산 : 1,800,470천 원. 양양센터 개소
본청 및 18센터 학습클리닉전문가 22명, 기초학습지원단 249명

2016년 : 교사와 학교, 지역의 협력관계 중점

1,453명   1,453명 지원. 예산 : 1,660,307천 원. 학습종합클리닉센터로 명칭 변경
본청 및 18센터 학습클리닉전문가 22명. 기초학습지원단 336명

2017년 : 읽기 위험군 학생 지원 전문성 함양

1,590명   1,590명 지원. 예산 : 1,824,946천 원
본청 및 18센터 학습클리닉전문가 22명, 기초학습지원단 325명

2018년 : 개별 사례 분석과 저학년의 예방적 지원

1,626명   1,626명 지원. 예산 : 1,773,633천 원
본청 및 18센터 학습클리닉전문가 22명. 기초학습지원단 322명

2019년 : 밀도있는 지원과 문해 교육 전문성 향상

1,495명   1,495명 지원. 예산 : 1,876,936천 원
본청 및 18센터 학습클리닉전문가 22명. 기초학습지원단 244명

2020년 : 문해교육전문가 양성과 방역 속 학습지원

1,512명   1,512명 지원. 예산 : 1,747,111천 원
본청 및 18센터 학습클리닉전문가 22명. 기초학습지원단 250명

2021년 : 교육격차 해소를 위한 학습전략지원

1,674명   1,674명 지원. 예산 : 1,749,227천 원
본청 및 18센터 학습클리닉전문가 22명. 기초학습지원단 250명

학습종합클리닉센터의 이와 같은 성장은 입소문이 나기 시작해 전국 단위 워크숍이나 연수에서 여러 차례 강원도의 사례를 발표하고 공유할 수 있는 기회가 많아졌다. 서울특별시교육청(2019, 2020, 2021, 2022), 인천시교육청(2017), 충청북도교육청(2019), 의정부교육지원청(2019)에서 강원도교육청을 방문해 직접 학습종합클리닉센터와 기초학력 책임교육 지원의 사례를 심도 있고 공유하기도 했다. 또, 한국교육과정평가원의 자료 개발이나 연구에도 종종 참여하여 자료 개발과 기초학력 연구에 협력하기도 했다. 이같은 성과가 내부적으로 가시적이긴 하지만 그 가운데 중요했던 것은 학습종합클리닉센터에 대한 신뢰와 필요성 인식에 따른 정책 결정이었다. 센터가 개소하여 10년이 된 지금 다른 타 시도 교육청이나 돌아보며 비교하였을 때 센터 성장에 중요한 결정이 된 것이다. 안타깝게도 다른 센터들의 경우 담당자의 잦은 교체, 센터 역할의 계속된 정책 수정, 1년 2년 주기의 조직 재구성 등이 많았고, 소식을 들을 때마다 전국적으로 학습종합클리닉센터의 신뢰도가 떨어지는 것 같아 가슴 한 켠이 쓰려왔다.

적절한 쇄신과 시대적 변화에 따른 미래 지향적 올바른 정책 결정은 사회가 성장하는 필수 요소임을 알지만 바른 식견을 가지고 정책을 결정하는 것은 결코 쉬운 일이 아니다. 건물을 지을 때나, 운동을 배울 때, 공부를 할 때, 가장 중요한 것이 기초라고 한다. 그 기초는 흔들리면 더 높이 쌓거나, 더 성장할 수 없게 된다. 기초는 정권이나 정책에 흔들리지 않는 꾸준한 지원과 신뢰가 중요하다. 인력의 잦은 교체나 조직 변경은 혼란을 야기하고 다시 자리잡는데 상당한 시간이 소요된다. 왜냐하면 아이들은 같은 자리에 서 있기 때문이다. 우리의 아이들은 변화에 둔감하고 그 변화를 따라가기 어렵다. 그저 자신이 가지고 있는 학습적 비학습적 어려움을 알아주고 그에 따라 내가 가야 할 길을 함께 하고 보여주는 나만의 선생님을 지금도 간절히 기다리고 있기에 우리는 오늘도 순회 가방을 여미고 힘차게 시동을 건다.